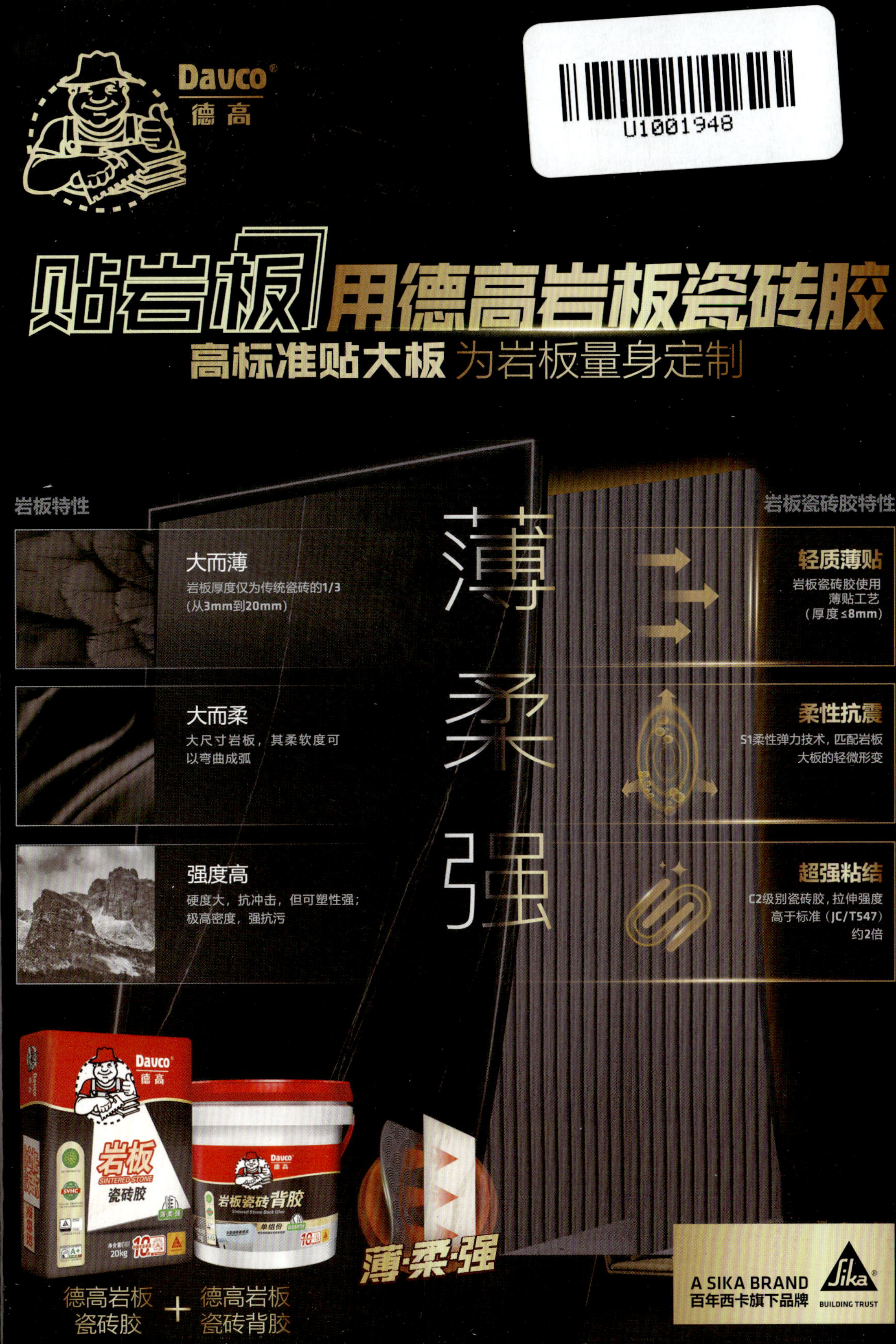
Davco®
德高
贴岩板 用德高岩板瓷砖胶
高标准贴大板 为岩板量身定制
岩板特性
大而薄
岩板厚度仅为传统瓷砖的1/3
(从3mm到20mm)
大而柔
大尺寸岩板，其柔软度可
以弯曲成弧
强度高
硬度大，抗冲击，但可塑性强；
极高密度，强抗污
薄
柔
强
岩板瓷砖胶特性
轻质薄贴
岩板瓷砖胶使用
薄贴工艺
(厚度≤8mm)
柔性抗震
S1柔性弹力技术，匹配岩板
大板的轻微形变
超强粘结
C2级别瓷砖胶，拉伸强度
高于标准（JC/T547）
约2倍
薄·柔·强
德高岩板
瓷砖胶
+
德高岩板
瓷砖背胶
A SIKA BRAND
百年西卡旗下品牌
Sika
BUILDING TRUST

# 2023
# 中国陶瓷砖粘贴行业发展报告

中国陶瓷工业协会瓷砖粘贴技术专业委员会　主编

中国建材工业出版社
北　京

**图书在版编目（CIP）数据**

2023 中国陶瓷砖粘贴行业发展报告 / 中国陶瓷工业协会瓷砖粘贴技术专业委员会主编 . -- 北京：中国建材工业出版社，2024.6. -- ISBN 978-7-5160-4213-7

I. F426.9

中国国家版本馆 CIP 数据核字第 20245RM378 号

2023 中国陶瓷砖粘贴行业发展报告
2023 ZHONGGUO TAOCIZHUAN ZHANTIE HANGYE FAZHAN BAOGAO
中国陶瓷工业协会瓷砖粘贴技术专业委员会　主编

出版发行：中国建材工业出版社
地　　址：北京市西城区白纸坊东街 2 号院 6 号楼
邮政编码：100054
经　　销：全国各地新华书店
印　　刷：北京印刷集团有限责任公司
开　　本：710mm×1000mm　1/16
印　　张：12.25
字　　数：190 千字
版　　次：2024 年 6 月第 1 版
印　　次：2024 年 6 月第 1 次
**定　　价：220.00 元**

---

**本社网址：www.jccbs.com，微信公众号：zgjcgycbs**
**请选用正版图书，采购、销售盗版图书属违法行为**

# 《2023 中国陶瓷砖粘贴行业发展报告》编委会

于恩海　青岛海州重工机械有限公司总经理
李玉海　能高共建集团技术总监
洪　量　广东龙湖科技股份有限公司总经理
张晓川　固诺（天津）实业有限公司总经理

## 专家委员会

（排名不分先后）

侯文全　中国陶瓷工业协会副理事长兼秘书长
赵振林　中国陶瓷工业协会瓷砖粘贴技术专业委员会会长
宋　颖　中国建筑装饰协会副秘书长
尹　虹　佛山市陶瓷行业协会会长、华南理工大学教授
高雪峰　中国房地产行业协会技术委员会秘书长
曾　兵　建研院检测中心有限公司工程材料检测院副院长
熊　伟　北京建联伟业工程咨询有限公司研究员
刘一军　蒙娜丽莎集团股份有限公司副总裁、博士、教授级高工
宁红军　珠海市斗门区旭日陶瓷有限公司总经理
宋明宇　东方雨虹民用建材集团副总工程师
周碧平　德高（广州）建材有限公司应用技术培训中心副总监
周伟玲　马贝建筑材料（广州）有限公司研发总监
肖　南　广东东鹏家居有限公司装到家服务部负责人
贾世广　新明珠集团股份有限公司明珠科筑总经理
陈　辉　广东新岩素智能家居科技有限公司交付服务总监
胥子毅　广东简一（集团）陶瓷有限公司副总裁
李永鑫　美巢集团股份公司砂浆研发总监
杨　涛　山东赫达集团股份有限公司研发总监

# 序言
PREFACE

近年来，我国建筑陶瓷发展与国际接轨速度越来越快，大尺寸陶瓷板材产量逐年增加，产量已跃居全球首位，但是我国建筑陶瓷行业大而不强的局面仍然没有发生根本性改变，与意大利、西班牙等世界陶瓷强国相比，还存在不同程度的差距。

“陶瓷砖成品系统交付”是为改变我国陶瓷砖终端服务薄弱环节而采取的具体行动，在简一大理石瓷砖、蒙娜丽莎等陶瓷砖界头部企业带动下，越来越多的企业加入“陶瓷砖成品系统交付”的行列，带动了陶瓷砖铺贴应用领域的发展，也引起了人们对陶瓷砖铺贴安全施工等问题的重视。采用粘结力更强、施工效率更高、材料更环保的陶瓷砖胶粘剂及其对应的薄法施工工艺逐渐得到认可。目前，“陶瓷砖成品系统交付”还处于推广阶段，市场潜力巨大。胶粘剂和陶瓷砖在成品系统交付中密不可分，国内陶瓷砖胶及铺贴市场需要把握机遇，顺势而为，精益求精，做好产品与应用服务，努力提升产品附加值。

中国陶瓷工业协会瓷砖粘贴技术专业委员会连续编写并发布了行业发展报告，发展报告的出版将有助于陶瓷砖胶粘剂企业对市场行情做出更好的判断，有助于终端服务与设计水平的提高，必将促进我国陶瓷砖及陶瓷砖粘贴行业的高质量、高水平的发展。

中国陶瓷工业协会理事长

2023 年 11 月

# 前言

FOREWORD

陶瓷砖胶粘剂作为新型的建筑装饰材料，自20世纪90年代进入中国以来，陶瓷砖铺贴材料经历了从简单传统的水泥、砂子到专业可靠的预拌砂浆－陶瓷砖胶粘剂的发展变化阶段。陶瓷砖铺贴工艺也从厚贴向薄贴转变，从而使陶瓷砖铺贴更加安全。而以陶瓷砖胶粘剂为代表的涵盖防水涂料、美缝剂等装饰辅材行业也已经成为新的千亿产业蓝海。

在住房城乡建设部相关政策影响及市场引导下，陶瓷砖胶粘剂已逐步被房地产、装饰装修行业了解和认知。尤其是随着我国建筑陶瓷行业的发展，低吸水率和大尺寸瓷砖成为建筑和家装的首选，近两年陶瓷大型薄板及岩板的快速发展趋势，对陶瓷砖粘贴材料及铺贴工艺提出了更高的要求。经过30多年发展与推动，包括技术研发、装备制造、原料供应、产品生产、物流及应用服务在内的完整陶瓷砖粘贴行业产业链，目前已经进入稳步、快速发展期。但不可忽视的是，我国陶瓷砖胶粘剂等相关辅材装饰行业仍然面临着小、多、弱、散、无序竞争等问题，制约着行业的有序发展。

中国陶瓷工业协会瓷砖粘贴技术专业委员会作为民政部批准登记的国家二级社团，有责任和义务对国内陶瓷砖粘贴技术行业进行引领、推动、规范并做好服务工作。目前，中国陶瓷砖粘贴技术行业产业链不断延伸，涉及机械设备、技术研发、原料供应、产品生产、销售物流、施工应用各个环节。行业调研工作是专委会的服务范围。为此，中国陶瓷工业协会瓷砖粘贴技术委员会牵头组织，在发布了《2016中国瓷砖粘接剂行业发展报告》《2018中国瓷砖粘贴行业发展报告》《2021中国瓷砖粘贴行业发展报告》的基础上，继续编写了《2023中国陶瓷砖粘贴行业发展报告》（以下简称《发展报告》）。《发展报告》是对整个行业脉络进行的一次系统梳理，为政府有关产业部门制定产业政策、规划提供科学的依据和理论支持，为企业研究战略发展和市场开拓提供有价值的信息。

《发展报告》主要内容如下：中国陶瓷砖胶粘剂等行业市场规模、产能、消耗量；华南、华东、华北等主要销售区域的市场发展现状；陶瓷砖、地产、装饰行业、原材料等上下游行业的相关信息；对砂石、水泥、乳胶粉、纤维素醚等原材料市场现状的详细分析；渠道代理商、铺贴工人以及终端业主等利益相关者的态度调查；陶瓷砖粘贴技术行业相关的政策法规；行业发展趋势等。编写组历时一年，通过问卷调查、走访咨询、专家访谈、汇总整理、分析研究，最终将《发展报告》编写成稿。

在本报告编写过程中，得到了行业内专业人士的大力支持和帮助。希望《发展报告》能够为政府主管部门、行业组织、企业等相关单位提供有价值的参考信息，同时希望社会各界能够更多关注和支持我国陶瓷砖粘贴技术行业，为行业健康可持续发展出谋划策；也希望行业有关部门和企业及专家们多提宝贵意见，以利于我们今后在发展报告编写过程中不断完善。

中国陶瓷工业协会瓷砖粘贴技术专业委员会会长

2023 年 11 月

# 目 录
CONTENTS

# 1

# 中国建材行业经济运行情况

## 1.1　中国经济总体运行情况

### 1.1.1　2023 年中国国内生产总值现状

2023 年，中国经济在经历了前期疫情反复和外部环境复杂多变的挑战后，呈现出企稳回升的态势。前三季度，中国国内生产总值（GDP）913027 亿元（图 1.1），同比增长 5.2%。按产业看，第一产业增加值 56374 亿元，同比增长 4.0%，对经济增长的贡献率为 5.0%；第二产业增加值 353659 亿元，同比增长 4.4%，对经济增长的贡献率为 31.9%；第三产业增加值 502993 亿元，同比增长 6.0%，对经济增长的贡献率为 63.0%。按季度看，一季度 GDP 同比增长 4.5%，二季度增长 6.3%，三季度增长 4.9%。从环比看，三季度 GDP 增长 1.3%。前三季度，国民经济顶住下行压力，总体持续恢复向好，生产供给稳步增加，市场需求持续扩大，就业物价总体改善，发展质量稳步提升，呈现积极方向发展，生产能力不断提高，就业形势良好，物价水平稳定，推动经济高质量发展，尤其在第三季度，众多领域和多项指标都出现了显著的积极变化，经济恢复向好的态势越发明显，呈现出朝气蓬勃的发展景象。

1.1.1.1　国民经济持续恢复，服务消费快速增长

2023 年前三季度，在政策推动和内需释放的助力下，我国经济呈现恢复与增长的迹象。其中，服务业在经济增长中发挥了重要作用。服务业的恢复明显，为经济发展注入了新活力。市场销售总体保持恢复态势，服务消费实现较快增长，网络购物对消费增长贡献率稳步提升，绿色升级类消费需求持续释放。同时，国家持续出台相关政策以稳经济、促恢复和扩大内需，进一步稳定了经济状况。

图 1.1　2015—2023 年前三季度国内生产总值及增长速度

（资料来源：国家统计局）

具体来看，2023 年前三季度服务业增加值同比增长 6.0%，增速较 2022 年全年有显著提升，服务业对 GDP 增长的贡献率达到 63%。在各子行业中，住宿和餐饮业增加值同比增长 14.4%，批发和零售业增加值增长 6.1%，交通运输、仓储和邮政业增加值增长 8.4%，国内需求稳步扩大，恢复态势进一步巩固，服务业各项指标较去年同期均有显著改善。

同时，线上消费保持较快增长。前三季度，网上零售额增长 11.6%，新兴业态如直播带货蓬勃发展，线上线下深度融合成为新潮流，为服务业注入了新的发展动能。科技创新推动了研发、科技服务等高端服务业提质增效，规模以上高技术服务业、科技服务业和战略性新兴服务业企业营业收入同比增速分别为 10.6%、11.1% 和 8.8%。在现阶段，促进线上服务业的发展需要多方面的努力，包括推动数字化转型、支持创新、加强人才培养、改善营商环境、拓展市场和加强政策支持等。

随着经济社会全面恢复常态化运行，消费市场也展现出强劲复苏迹象。2023 年前三季度，我国社会消费品零售总额达 342107 亿元，同比增长 6.8%，增速明显快于 2022 年。乡村和网上消费增长较快，乡村消费品零售额达 45697 亿元，增长 7.4%，增速超过城市 0.7 个百分点；网上零售额达 108198 亿元，同比增长 11.6%，各大电商平台推出多样促销活动，消费趋势日益多元化。这表明我国消费结构不断升级，内需市场潜力巨大。

随着收入增速持续提升，消费需求有望在下半年保持稳定增长。在宏观政策的进一步支持下，如改善性住房需求和新能源汽车等领域，消费市场预期将继续保持复苏势头。

1.1.1.2 创新动能持续增强，高质量发展稳步推进

2023 年，中国经济在科技创新和数字经济的推动下，呈现出强劲的发展态势。新兴产业的迅速壮大和高技术产业的快速发展，为经济增长提供了新的动力。高技术产业投资动力强劲，新动能领域保持较快增长。具体来看，前三季度，高技术制造业投资和高技术服务业投资分别同比增长 11.3% 和 11.8%，分别高于全部固定资产投资增速 8.2 和 8.7 个百分点，持续推动产业转型升级。规模以上装备制造业增加值同比增长 6.0%,增速高于全部规模以上工业增加值 2.0 个百分点，规模以上高技术制造业中的航空、航天器及设备制造业增加值同比增长 18.9%，增速高于全部规模以上工业增加值 14.9 个百分点。

为鼓励科技创新，激发企业活力，国家出台了多项政策，例如将研发费用加计扣除比例提至 100%，不断拓宽创新型企业的直接融资渠道，保险和担保工具发挥风险分散作用等。金融部门也积极增加对科技企业的信贷支持力度，上半年科技型中小企业贷款余额增长 25.1%。同时我国加大科研经费投入力度，2022 年研究与试验发展（R&D）经费支出为 20782.9 亿元，较 2021 年增长 10.1%。全国的基础研究投资为 2023.5 亿元，年增长率为 11.4%；应用研究资金达到 3482.5 亿元，增加了 10.7%；试验发展的经费为 25276.9 亿元，上涨 9.9%。其中，基础研究资金占总比重的 6.57%，较 2022 年增加了 0.07 个百分点；应用研究与试验发展经费的比重则分别为 11.3% 和 82.1%。截至 2023 年 6 月底，我国发明专利有效量达 456.8 万件，同比增长 16.9%；我国国内拥有有效发明专利的企业达 38.5 万家，共拥有有效发明专利 260.5 万件，占国内总量的七成以上。自 2022 年 5 月加入《工业品外观设计国际注册海牙协定》以来，我国申请人月均提交外观设计国际申请超过 150 件，位居全球前列。

从产业部门来看，2022 年高技术制造业的 R&D 经费达 6507.7 亿元，其投入强度（与营业收入相比）为 2.91%，较上一年增加了 0.20 个百分点。在所有大型工业企业中，R&D 经费超过千亿元的行业有七个，这七个行业的经费占全

部大型工业企业 R&D 经费的 63.2%。到 2022 年年底止，国家重点实验室的数量为 533 个，国家工程研究中心的数量达到 191 个，国家企业技术中心有 1601 家，而大众创业万众创新示范基地为 212 家。国家科技成果转化引导基金已经建立了 36 支子基金，总资金规模达到 624 亿元。此外，国家级科技企业孵化器有 1425 家，备案的国家众创空间达到 2441 家。2022 年，专利权的授予数量为 432.3 万件，相比 2021 年减少了 6.0%。PCT（专利合作条约）专利的申请受理量为 7.4 万件。年末时，有效的专利总数为 1787.9 万件，其中国内有效的发明专利有 328.0 万件，每万人口的高价值发明专利数量为 9.4 件。商标的注册量在这一年为 617.7 万件，较上年减少 20.2%。全年签署的技术合同为 77 万个，技术合同的交易金额为 47791 亿元，与上年相比有 28.2% 的增长。

数字技术的快速发展，催生了新型基础设施建设。国家统计局数据显示，2023 年上半年，新型基础设施建设投资同比增长 16.2%，占全部基础设施投资的比重较 2022 年同期提高 0.4 个百分点。其中，5G、数据中心等信息类新型基础设施投资增长 13.1%，工业互联网、智慧交通等融合类新型基础设施投资增长 34.1%，电子设备制造业投资增长 14.2%，带动了信息技术服务业增长 12.9%。我国将基础设施建设与经济的稳定和发展紧密地联系在一起，全面加强新型基础设施建设，通过数字化手段提高传统产业效率。从前三季度来看，算力基础设施建设已然成为中国经济运行的一大亮点。工业和信息化部数据显示，目前中国算力总规模居全球第二，保持 30% 左右的年增长率，新增算力设施中智能算力占比过半。算力基础设施发展成效显著，梯次优化的算力供给体系初步构建，算力基础设施的综合能力显著提升。

随着数字经济蓬勃发展，数字化新事物、新业态、新模式推动应用场景向多元化发展。前沿技术，如人工智能等取得重大进展，推动着新一轮科技革命和产业变革。2023 年上半年，科研机构发布多款人工智能核心产品，我国人工智能产业规模达 5000 亿元，企业数量超过 4300 家。随着各行各业对人工智能应用需求的增加，在科技革新与数字化浪潮的推动下，新技术与实体经济融合度不断提高，促进中国经济由旧动能向新动能的转型，将经济发展引入高质量增长的新轨道。为了持续这一势头，国家将进一步执行现有的政策框架，加快科技创新到产业实践的应用过程，确保科技进步与经济发展的深度融合与互促。

1.1.1.3 货币政策稳健灵活，金融环境健康和谐

2023年，中国的货币政策以稳健为主，注重做好跨周期和逆周期调节，充实货币政策工具箱，着力营造良好的货币金融环境；同时保持了适度的灵活性，着重增强对实体经济，尤其是民生等关键领域的支持力度。这种政策取向有效缓解了疫情带来的经济下行压力，为经济复苏和发展创造了宽松的货币环境。2023年上半年，人民银行累计降准0.25个百分点，贷款市场报价利率和中期借贷便利利率下调约10个基点，有效降低了实体经济的融资成本。同时，采用再贷款、再贴现等手段持续向制造业和小微企业提供低成本资金支持，规模超过2万亿元，有效增强了经济的逆周期政策支持力度。

具体而言，2023年上半年我国社会融资规模增量为21.6万亿元，较2022年同期略有增加，但增速回落至9%。主要是因为去年同期政府债券发行较为集中，导致基数偏高。从结构上看，新增人民币贷款15.6万亿元，成为社会融资增量的主要部分，占比达72.4%。在贷款结构中，制造业中长期贷款增加了40.3%，得到了政策上的有力支持。与此同时，普惠小微企业贷款增长了26.1%，彰显了国家对民营和小微企业融资的支持。此外，个人住房贷款呈现止跌回升的态势，有助于满足刚性的住房需求。在存款方面，新增人民币存款20.1万亿元，其中居民存款增长较为显著，反映了居民收入和消费预期的改善。在“稳增长”政策的配合下，2023年上半年我国经济呈现出回升的趋势。首先，基础设施领域中长期贷款增加了15.8%。其次，个人住房贷款利率下降了0.5个百分点，有助于稳定房地产市场。最后，制造业中长期贷款增长了40.3%，民营企业出口依然保持增长，反映出货币政策对实体经济的支持作用。

面对新的挑战较多、物价低位缓慢回升的经济基本面，国家加大宏观政策调控力度，发挥货币政策工具的总量和结构双重功能，不断推动经济运行持续好转、内生动力持续增强、社会预期持续改善、风险隐患持续化解。一方面保持流动性合理充裕；另一方面保持货币信贷总量适度、节奏平稳。从经济发展大趋势看，我国发展的基本面没有变。从发展阶段、发展条件、发展优势等方面综合考量，我国发展前景仍长期向好，因此，要保持定力、稳中求进，坚定不移深化改革、扩大开放，更注重有力、有效地实施宏观政策调控，扎实推动经济高质量发展，同时保持合理的经济增速。从中长期看，我国经济供需总体平衡，货币政策保持

稳健，居民通胀预期平稳，不存在长期通缩或通胀的基础。同时强调货币政策要更好支持扩大内需、促进稳外资稳外贸，增强金融支持实体经济的稳定性。此外，强调信贷政策节奏平稳，聚焦对科技创新、先进制造、基础设施等领域的结构性支持。注重货币政策稳健性，加强优质金融服务，更好支持扩大内需，促进稳外资稳外贸，这有利于保持人民币汇率稳定，降低企业融资成本，进一步激发市场活力。

未来，外部环境依然复杂严峻。我国央行将继续坚持稳健的货币政策取向，保持政策的连续性和稳定性，继续灵活运用各类货币政策工具，引导市场利率合理下行，缓解企业特别是中小微企业的融资约束，保障刚性住房需求，促进经济平稳运行和高质量发展。同时，将着重防控金融风险，确保不发生系统性风险，以维护国家经济、金融安全。

1.1.1.4　经济运行稳中向好，投资回暖增速加快

2023 年前三季度，全国固定资产投资同比增长 3.1%，较 1—8 月下滑 0.1 个百分点。稳增长政策密集出台，政策调整初期形势不够明朗，企业反而越加踟蹰观望，阶段性抑制投资需求扩张。降准降息，稳增长意图进一步强化，投资增速或已在底部。受基建和制造业投资稳健增长、房地产投资降幅收窄的带动，投资增速超出市场预期。部分重点行业投资仍将保持较高景气度，金融支持力度不减，民企经营状况有所好转。

特别是房地产行业，国家积极支持并保障了房地产建设和交付工作。自 2021 年下半年以来，金融部门联合推出了两批总额达 3500 亿元的保障交房专项借款，并设立了 2000 亿元的保障交房贷款支持计划，引导商业银行积极提供融资支持，促进了项目的复工建设。在多种政策支持下，我国房地产市场自 2022 年以来呈现出平稳运行的态势。2023 年上半年，在低基数效应下，商品房销售面积和新开工面积较上年同期明显改善，降幅较 2022 年全年明显收窄；房企资金来源总体跌幅收窄至 9.8%，推动了实体经济融资成本持续下降，逆周期调节力度明显加强，释放出积极的政策信号，有助于推动经济持续回升。随着交房进度的加快，销售端压力可能持续存在，但在“保交楼”“保民生”等政策指引下，市场预期将逐步好转，房地产投资有望稳定回升。

国家积极吸引和利用外商投资，推进高水平对外开放、构建开放型经济新体

制，进一步优化外商投资环境，提高投资促进工作水平，加大吸引外商投资力度，提供多元化投资组合，并加大重点领域引进外资力度。支持外商投资在华设立研发中心与国内企业联合开展技术研发和产业化应用，鼓励外商投资企业及其设立的研发中心承担重大科研攻关项目。鼓励符合条件的外国投资者设立投资性公司、地区总部。相关投资性公司投资设立的企业，可按国家有关规定享受外商投资企业待遇。深入实施合格境外有限合伙人（QFLP）境内投资试点，建立健全 QFLP 外汇管理便利化制度，支持以所募的境外人民币直接开展境内相关投资。同时支持外商投资企业梯度转移，依托自由贸易试验区、国家级新区、国家级开发区等各类开放平台，鼓励东部地区与中西部和东北地区、沿边地区探索通过产值、利益等分享机制，结对开展产业转移协作。对在中国境内进行整体性梯度转移的外商投资企业，按照原所在地区已取得的海关信用等级实施监督。

随着全国经济复苏，民间投资活力增强。其中，基础设施投资已然成为促进经济发展的重要支柱。鼓励社会资本参与基础设施项目是探索扩大有效投资的新路径。多种政策出台，助力加快形成存量资产和新增投资的良性循环。2023 年上半年，全国固定资产投资同比增长 3.8%，较 2022 年全年增速回升 1.1 个百分点，较一季度回升 0.6 个百分点，投资增速重回正区间（表 1.1、表 1.2、表 1.3）。其中，基建投资增长 6.1%，较 2022 年全年有较大幅度回升，而基建 PMI（采购经理指数）持续在 55% 以上扩张区间，基建投资市场正在逐步复苏。政策方面，2023 年 7 月 7 日，发展改革委与七家银行建立投贷联动试点合作机制，通过在线平台与银行信贷系统互联共享，打通向金融机构共享项目信息渠道，支撑金融机构实现高效审贷，提升项目全过程监管的精准化水平。2023 年 7 月 24 日，发布的《国家发展改革委关于进一步抓好抓实促进民间投资工作努力调动民间投资积极性的通知》提出，力争将全国民间投资占固定资产投资的比重保持在合理水平，带动民间投资环境进一步优化、民间投资意愿进一步增强、民间投资活力进一步提升。

在稳增长政策的激励下，预计 2024 年我国投资市场将持续回暖。制造业投资在先进制造业的拉动下有望保持相对强劲势头。重大基建项目的建设将继续对基建投资提供稳定支撑。但外部需求不确定性增加可能对投资形成一定制约，投资市场企稳回升，促使经济恢复发展。

**表 1.1　2022 上半年全国宏观经济分月度数据**

| 指标 | 1 月 | 2 月 | 3 月 | 4 月 | 5 月 | 6 月 |
|---|---|---|---|---|---|---|
| 工业增加值同比增长（%） | 7.3 | 7.0 | 5.0 | 0.4 | 0.7 | 3.9 |
| 进口总额（亿美元） | 2444.0 | 1892.8 | 2304.9 | 2229.2 | 2281.2 | 2309.6 |
| 同比增长（%） | 21.0 | 11.7 | 0.7 | 0.1 | 3.5 | 0.0 |
| 出口总额（亿美元） | 3264.7 | 2167.4 | 2749.9 | 2723.5 | 3064.3 | 3282.5 |
| 同比增长（%） | 24.0 | 6.0 | 14.3 | 3.5 | 16.4 | 17.1 |
| 社会消费品零售总额当期值（亿元） | — | — | 34233.1 | 29483.1 | 33547 | 38742.5 |
| 社会消费品零售总额同比增长（%） | — | — | -3.5 | -11.1 | -6.7 | 3.1 |

数据来源：国家统计局。

**表 1.2　2023 上半年全国宏观经济分月度数据**

| 指标 | 1 月 | 2 月 | 3 月 | 4 月 | 5 月 | 6 月 |
|---|---|---|---|---|---|---|
| 工业增加值同比增长（%） | -9.8 | 18.8 | 3.9 | 5.6 | 3.5 | 4.4 |
| 进口总额（亿美元） | 1933.6 | 1974.3 | 2260.1 | 2039.1 | 2169.4 | 2145.7 |
| 同比增长（%） | -20.8 | 4.6 | -1.9 | -8.5 | -4.8 | -6.8 |
| 出口总额（亿美元） | 2859.9 | 2092.4 | 3044.5 | 2903.7 | 2824.9 | 2843.7 |
| 同比增长（%） | -12.0 | -3.2 | 11.3 | 7.3 | -7.3 | -12.4 |
| 社会消费品零售总额当期值（亿元） | — | — | 37855.4 | 34910.5 | 37803.3 | 39951.4 |
| 社会消费品零售总额同比增长（%） | — | — | 10.6 | 18.4 | 12.7 | 3.1 |

数据来源：国家统计局。

**表 1.3　“十四五”期间全国宏观经济分年度数据**

| 指标 | 2021 年 | 2022 年 | 2023 年 H1 |
|---|---|---|---|
| 国内生产总值（亿元） | 1149237 | 1210207 | 593034 |
| 城镇固定资产投资（亿元） | 544547 | 572138 | 243113 |
| 进出口总额（百万美元） | 6043874 | 6309600 | 2940533 |
| 社会消费品零售总额（亿元） | 440823 | 439733 | 227588 |
| 财政收入（亿元） | 202539 | 203703 | 119203 |

数据来源：国家统计局。

## 1.1.2 2023 年中国全社会固定资产投资现状

2023 年前三季度，中国固定资产投资（不含农户）375035 亿元，同比增长 3.1%。其中，民间固定资产投资 193399 亿元，同比下降 0.6%。从整体走势上来看，2022—2023 年受房地产市场低迷，出口下滑影响，民营企业信心不足，固定资产增速持续放缓（图 1.2）。2023 年 7 月中央政治局会议部署加大宏观政策调控力度，更好发挥政府投资带动作用，后来各地政策加码，将促进基建投资提速、制造业投资稳定增长，有望带动第四季度投资小幅回升。

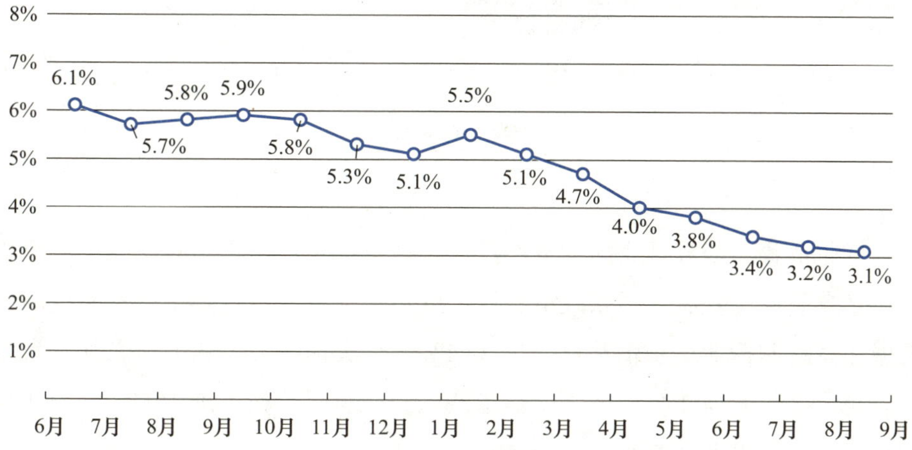


图 1.2 2022—2023 年中国固定资产投资额累计增速

（资料来源：国家统计局）

分地区看，东部地区投资同比增长 5.4%，中部地区投资下降 0.9%，西部地区投资下降 0.4%，东北地区投资下降 2.7%。

分产业看，2023 年前三季度第一产业投资 7951 亿元，同比下降 1.0%，占总投资的 2.1%；第二产业投资 116808 亿元，增长 9.0%；占总投资的 31.1%；第三产业投资 250276 亿元，增长 0.7%，占总投资的 66.7%（图 1.3）。（注：因四舍五入总计不为 100%。）特别地，第二产业中，工业投资同比增长 8.8%。其中，采矿业投资增长 1.6%，电力、热力、燃气及水生产和供应业投资增长 25.0%。第三产业中，基础设施投资（不含电力、热力、燃气及水生产和供应业）同比增长 6.2%。其中，铁路运输业投资增长 22.1%，水利管理业投资增长 4.9%，道路运输业投资增长 0.7%，公共设施管理业投资下降 1.2%。

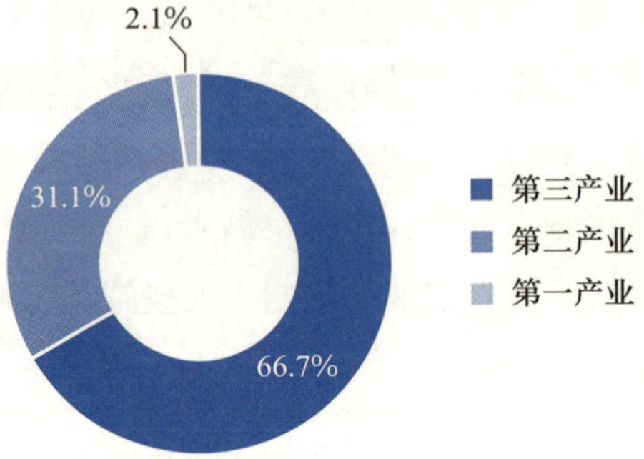


图 1.3　2023 年前三季度三次产业投资占固定资产投资（不含农户）比重

（资料来源：国家统计局）

分行业来看，多数行业固定资产投资实现正增长，由于新能源汽车、智能制造等新兴产业快速发展，国家政策支持力度不断加大，行业集中度不断提高，电气机械和器材制造业增长值最高，为 38.1%；其次是电力、热力、燃气及水生产和供应业，增长值为 25%；受下游需求疲软、原材料价格上涨影响，纺织业呈现负增长状态，同比下降 2.2%（表 1.4）。

表 1.4　2023 年前三季度分行业固定资产投资（不含农户）增长速度

| 行　　业 | 同比增长 | 行　　业 | 同比增长 |
|---|---|---|---|
| 农、林、牧、渔业 | 0.5% | 农副食品加工业 | 6.5% |
| 采矿业 | 1.6% | 食品制造业 | 7.5% |
| 制造业 | 6.2% | 纺织业 | -2.2% |
| 电力、热力、燃气及水生产和供应业 | 25% | 化学原料和化学制品制造业 | 13.5% |
| 有色金属冶炼和压延加工业 | 9.9% | 医药制造业 | -0.2% |
| 金属制品业 | 1.7% | 教育 | 2.3% |
| 通用设备制造业 | 5.1% | 卫生和社会工作 | -0.4% |
| 专用设备制造业 | 8.2% | 文化、体育和娱乐业 | 1.7% |
| 汽车制造业 | 20.4% | 电气机械和器材制造业 | 38.1% |

续表

| 行　业 | 同比增长 | 行　业 | 同比增长 |
|---|---|---|---|
| 计算机、通信和其他电子设备制造业 | 10.2% | 电力、热力、燃气及水生产和供应业 | 25% |
| 交通运输、仓储和邮政业 | 11.6% | 铁路运输业 | 22.1% |
| 道路运输业 | 0.7% | 水利、环境和公共设施管理业 | -0.1% |
| 水利管理业 | 4.9% | 公共设施管理业 | -1.2% |
| 铁路、船舶、航空航天和其他运输设备制造业 | 3.1% | 总计 | 3.1% |

数据来源：国家统计局。

总体来看，2023年前三季度，我国固定资产投资及各地区和各产业的投资额呈现出上升趋势，突显了国家经济的持续复苏和各地区的和谐发展，随着稳增长政策的持续发挥效用，固定资产投资的增速也有望维持稳定。

## 1.2　中国建材行业运行情况

### 1.2.1　2023年中国建材行业运行情况

建材行业作为关键的基础原料产业，其产品广泛运用于建筑、国防、环境保护、高新技术以及日常生活等多个领域。中国是全球最大的建材生产国和消费国，主要建材生产技术和设备水平也已与世界先进国家接轨。而建材既是高耗能、高污染的行业，也是推动循环经济和资源再利用的关键领域，对国民经济、社会发展和生态环境保护具有深远影响。随着国内经济绿色化发展进程持续加快，国家十分重视绿色建材产品的推广和应用，出台一系列政策助力绿色建材加快市场开拓。建材市场节能减排空间广阔，建材行业迎来巨大的市场需求和发展机遇。

2023年9月，建筑材料工业景气指数为104.6点，较8月回升5.2点，高于临界点，处于景气区间，建筑材料工业运行有所恢复。10月建筑材料工业景气指数为 101.8 点，较 9 月回落 2.8 点，高于临界点，处于景气区间，建筑材料工业运行保持平稳。供给侧方面，9 月，建筑材料工业价格指数、生产指数均回升至临界点以上。其中，建筑材料工业价格指数 100.1 点，比 8 月回升 1.5 点，建材产品价格由降转升，略有增长；建筑材料工业生产指数为 104.5 点，比 8 月回升 3.8 点，建材产品生产加快。

需求侧方面，建材投资需求指数、工业消费指数均高于临界点，国际贸易指数低于临界点。其中，建材投资需求指数 104.9 点，比 8 月回升 5.9 点，高于临界点，建筑市场需求回升；建材产品工业消费指数 104.9 点，比 8 月回升 4.1 点，与建材产品应用较为密切的相关制造业需求增长；建材国际贸易指数 97.7 点，较 8 月回升 1.1 点，低于临界点，建筑材料商品出口继续放缓。尽管建材产品生产整体仍呈放缓态势，产品出厂价格持续下行，但行业经济效益主要指标的同比降幅有所收窄。2023 年，基础设施建设投资增幅减缓，房地产市场持续下行，工业领域消费需求趋于稳定上升，国际市场需求继续收缩，建材行业面临着多重挑战。

#### 1.2.1.1　生产增速回落

2023 年前三季度，建材行业规模以上建材工业增加值同比增速下降 0.5%，9 月当月同比下降 1.7%，降幅比上月扩大 0.1 个百分点，降幅收窄，低于全国工业增加值增速。9 月，在重点监测的 31 种建材产品中，有 12 种产品产量同比增长，19 种产品产量同比下降，部分产品产量降幅收窄。其中，规模以上水泥企业产量 1.9 亿 t，同比下降 7.2%，降幅扩大；平板玻璃产量 8106.6 万重量箱，同比下降 6.0%，降幅环比收窄。行业增长长期依靠水泥等传统产业，新兴产业如绿色建材、矿物功能材料、无机非金属新材料等占比仍较低。

下半年，建材重点产品生产继续加快，水泥、混凝土与水泥制品、石灰石膏、墙体材料、黏土和砂石开采、建筑用石、建筑技术玻璃、矿物纤维和复合材料、建筑卫生陶瓷等 9 个行业生产指数比 8 月回升。随着发展方式转变、需求结构升级，企业对市场需求恢复预期增强，水泥等传统建材产品需求量呈现稳中缓降的态势。同时，8 月以来，货币、金融等领域宽松政策频出，有利于减轻建设项目资金压力，加快形成实物量需求，建材等十大重点行业稳增长工作方案密集出台，将形成联动效应，进一步支撑建材行业稳定运行（图 1.4）。

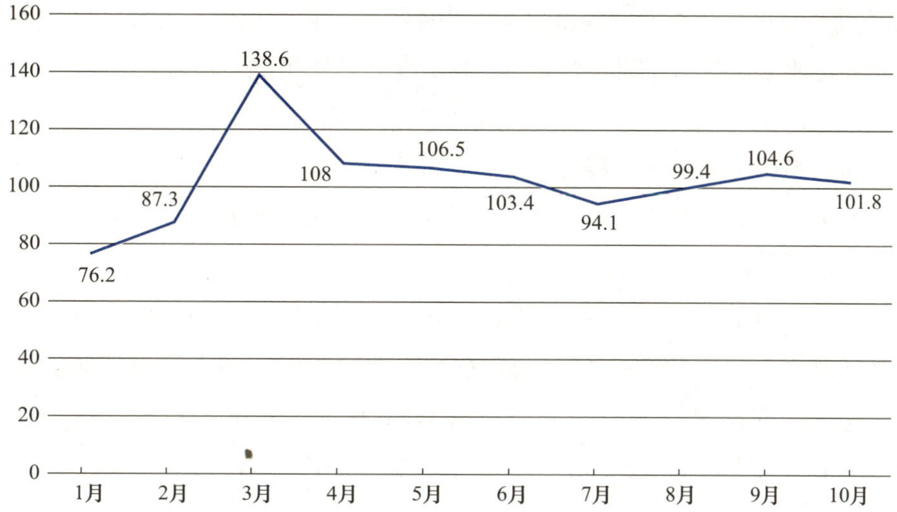


**图 1.4　2023 年 1—10 月建筑材料工业月度景气指数**

（资料来源：中国建筑材料联合会）

1.2.1.2　价格降幅明显

2023 年 9 月，建材工业产品出厂价格指数为 91.9，同比下降 7.1%，降幅有所扩大，但环比下降 0.6%，降幅收窄。2023 年前三季度建材工业出厂价格比上年同期下降 6.4%，在十三个分类行业中，除建筑技术玻璃、纤维增强塑料、非金属矿采选业三个行业出厂价格比 2022 年同月增长以外，其他十个行业产品出厂价格均同比下降。2023 年前三季度，建材行业营业总收入、归母净利润分别为 5670.98 亿元、303.73 亿元，同比分别下降 2.51%、35.33%，行业归母净利润降幅高于营业总收入的降幅。三季度建材行业营业总收入、归母净利润分别为 1951.18 亿元、94.22 亿元，同比分别下降 1.76%、19.40%，环比分别下降 7.03%、43.43%，三季度业绩同比、环比均出现下滑。

随着我国建材行业动力结构正在发生明显转变，行业运行进入中低速增长区间。受疫情和国外形势影响，建材市场需求进一步下滑，企业生产后续动力仍然较弱。行业运行环境趋紧，运行质量偏弱。市场需求不足加剧企业竞争，而随着水泥等行业复产加快，建材产品出厂价格难以维持稳定，持续下滑，部分区域、部分行业已经出现跨区域销售、降价促销等现象。同时，建材新兴产业发展动力弱化。一季度规模以上新型墙体材料、技术玻璃、复合材料、非金属矿制品等行业营业收入、利润总额均大幅下降。另外建材下游相关产业增长不足，一季度全国房地产新开工面积、竣工面积同比分别大幅下降 27.2%、15.8%，建筑及装潢材料销售额同比下降 23.9%，汽车、电子等建材新兴市场的产品产量也不同程度下降。总体上除重点领域外，建材新兴产业市场动力显现不足。

1.2.1.3　利润持续收窄

2023 年，中国建材行业在地产弱复苏、需求整体低迷的背景下，第三季度景气环比略有下行，各子板块运行延续分化。2023 年 1—9 月建材行业实现营收 5474.3 亿元，同比 −0.75%，归母净利润 342.6 亿元，同比 −28.0%，扣非归母净利润 294.4 亿元，同比 −27.2%；分季度看，第一季度、第二季度、第三季度建材行业营收同比 −0.25%、−1.94%、+0.14%，归母净利润同比 −57.3%、−19.7%、−10.2%，收入增速小幅转正，利润降幅收窄。同时盈利水平仍有承压，2023 年 1—9 月建材行业平均毛利率、净利率为 20.8%、6.4%，同比 −1.8pp/−2.5pp，第三季度单季毛利率 20.9%，同比 +0.66pp、环比 −1.80pp，净利率 5.9%，同比 −0.6pp、环比 −3.0pp。经营现金流总体改善，资本开支明显收缩。2023 年 1—9 月建材行业合计实现经营活动净现金流 389.5 亿元，同比 +32%，构建固定资产等支付现金合计 548.2 亿元，同比 −31.6%，其中水泥、玻璃、玻纤、其他建材同比 −48.1%、+11.6%、−10.1%、−29.0%。

由于煤炭、天然气等燃料价格明显回落，企业用能成本下降，成本压力有所改善。据国家统计局数据，2023 年上半年，规模以上建材行业营业收入同比下降 6.3%，利润总额同比下降 23.6%。其中，轻质建材、技术玻璃、纤维增强塑料、建筑卫生陶瓷和非金属矿制品工业营业收入保持增长，其他行业营业收入同比下降。而利润总额增长的行业有防水材料、轻质建材、隔热保温材料、黏土和砂石开采、技术玻璃、纤维增强塑料、建筑卫生陶瓷和非金属矿采选业等 8 个行业。建筑卫生陶瓷行业规模以上企业主要经济效益增速由负转正，同比增长较快。在需求整体偏弱背景下，第三季度收入利润增速均有回落，单季度盈利环比有所波动，现金流压力仍存，整体扩张节奏也持续放缓，但核心龙头企业盈利修复趋势延续，表现出较强的经营韧性。预计随着地产政策持续托底，行业筑底态势有望进一步明朗。

## 1.2.2 2024 年中国建材行业发展趋势

2023 年 8 月 25 日，工业和信息化部、国家发展改革委、财政部、自然资源部、生态环境部、住房城乡建设部、商务部、金融监管总局等八部门联合印发《建材行业稳增长工作方案》（以下简称《方案》），提出：2023—2024 年，建材行业稳增长的主要目标是行业保持平稳增长，力争工业增加值、增速分别为 3.5%、4% 左右。同时，绿色建材、矿物功能材料、无机非金属新材料等规模以上企业营业收入年均增长 10% 以上，主要行业关键工序数控化率达到 65% 以上，水泥、玻璃、陶瓷行业能效标杆水平以上产能占比超过 15%，产业高端化、智能化、绿色化水平不断提升。

《方案》明确要求推广绿色建材，实施深入开展绿色建材下乡活动，扩大城市绿色建材推广应用，完善绿色建材产品认证制度等。推动建材行业的高质量发展，促进经济的稳定增长，为我国经济建设提供有力支撑。随着政策的积极调控，建材市场需求逐步回暖，企业也在加快优化布局，提高生产效率和产品质量，以满足市场需求。

#### 1.2.2.1 开展绿色建材下乡，助力行业稳步增长

2023 年，国家重点推广绿色建材，厚植绿色消费理念。深入开展绿色建材下乡活动，扩大城市绿色建材推广应用，促进绿色建材与绿色建筑协同发展，完善绿色建材产品认证制度，培育绿色消费理念，提升绿色消费水平。特别针对农房、基建等不同应用领域，鼓励使用散装水泥、预拌混凝土、预拌砂浆等产品，支持开展绿色建造解决方案典型示范，提供系统解决方案。同时，在绿色建材产品下乡试点的基础上，鼓励各地积极探索绿色建材产业下乡新模式，推动绿色建材下乡活动向纵深发展。

国家先后批复了浙江、山东、四川、天津、福建、广东、湖南、江苏、河南、广西、河北、江西等 12 个活动试点地区。随着绿色建材下乡活动的深入开展，绿色建材产业驶入发展快车道，2023 年 1—7 月，绿色建材营业收入超过 1200 亿元，同比增长 20% 以上，纳入活动范围的获证企业 4400 家，累计发放绿色建材产品认证证书 7698 张，较 2020 年同期分别增长 1.6 倍和 1.2 倍。

进一步健全绿色建材产品评价标准体系，扩大绿色建材产品认证实施范围，建立完善的绿色建材产品认证数据信息采集机制，加快绿色建材产品认证。结合

绿色建材下乡活动和政府采购绿色建材促进建筑品质提升试点工作，引导建材生产企业积极开展绿色建材产品认证，力争到 2024 年年底，增加绿色建材获证企业 1500 家以上，绿色建材获证产品 3000 种以上。借助新措施促进绿色建材的推广和应用，提高绿色建材的市场份额，推动建材行业的可持续发展。同时，也可以为消费者提供更多环保、健康、安全的建材产品选择，推动建筑行业的绿色转型。

1.2.2.2　积极创新消费场景，促进产业布局提档升级

为加快建材行业提档升级，积极推动业态模式创新发展。支持家居企业加快数字化、智能化转型升级和线上线下融合发展，培育一批产业链供应链高效协同的家居行业领跑企业。鼓励企业打造线上家居服务平台，促进“互联网 + 家装”“互联网 + 二手家居”和家电家具租赁等新业态新模式健康有序发展。鼓励有条件的地区有序发展二手家居流通产业。支持家居卖场加强与上下游企业合作，构建“大家居”生态体系，为消费者提供一站式、一体化、全场景家居消费解决方案。支持家居卖场、购物中心等设置智能家居体验馆、品质家居生活馆等体验式消费场景，探索家居零售与文娱休闲、创意设计等多业态融合发展。

同时，鼓励创新培育智能消费，支持企业运用物联网、云计算、人工智能等技术，加快智能家电、智能安防、智能照明、智能睡眠、智能康养、智能影音娱乐等家居产品研发。发挥消费平台大数据的作用，支持企业开展家居产品反向定制、个性化设计和柔性化生产。促进智能家居设备互联互通，建立健全标准体系，推动单品智能向全屋智能发展。开展数字家庭建设试点，制定发布老年用品产品推广目录，加快制定家居产品适老化设计通用标准。支持企业加大适老化家电、家具、洗浴装置等家居产品研发力度。提供老年人家庭安装视频照护系统，配置血氧仪、血压计、血糖仪等家用健康监测设备。

另外，鼓励各地结合城镇老旧小区改造等工作，采用政府支持和企业促销等多种方式，可以降低消费者的装修成本，提高他们的装修意愿。鼓励企业开展“旧房翻新设计大赛”等活动，促进企业的创新和发展，提高行业的整体水平。在实施过程中，需要注意保障消费者的合法权益，确保装修质量和安全，加强对企业的监管，防止出现不良竞争和违规行为。

1.2.2.3　加快企业数智化转型，助力行业高质量发展

随着信息技术的快速发展，传统产业的数字化转型是大势所趋，是提高效率、

提升发展质量的必由之路。数字化可以帮助企业方便快捷、准确地获取信息，真正帮助企业实现精细化管理，对企业生产运营的每个环节进行精准、实时协调和管控，提高企业组织运行效率。

在数字转型方面，建材企业可以利用数字化技术，对生产过程和产品质量进行全面监控和管理。例如，采用物联网技术对生产设备和原材料进行实时监测和控制，实现生产过程的可视化和可追溯性。同时，利用大数据分析技术对产品质量和市场需求进行分析，为企业的生产和经营决策提供科学依据。在营销方面，数字化工具可以基于数据积累对企业的客户进行精准画像，以便于企业进行精准营销和精细商务策划。

在生产组织方面，数字化工具不仅可以提高预拌混凝土生产厂家各项生产资源配置和协同效率，还可以降低大量基础性工作的人力投入。比如无人计量、搅拌机的自动控制，生产任务智能排产、车辆智能调度等都可以将人员从简单重复的劳动中释放出来，这些工具的应用必然可以有效降低成本。在客户服务方面，数字化工具可以帮助企业为客户提供及时、体验更佳的服务，比如在线下单、物流运输可视化、产品质量在线溯源等，都可以很好地解决客户关切的问题，提升客户黏性，提高市场竞争力。

随着数字化技术的不断发展，建材行业迎来了数字化转型的浪潮。通过数字化转型，建材企业可以实现生产过程的智能化、自动化和数字化，从而提高生产效率和产品质量，降低生产成本和劳动力成本，提升企业的竞争力和创新能力，助力产业高质量发展。建材企业应该积极引入数字化技术，加快数字化转型步伐，提升企业的竞争力和创新能力，为行业的高质量发展做出贡献。

## 1.3 中国建筑陶瓷行业运行情况

### 1.3.1 2023 年中国建筑陶瓷发展状况

近年来，中国建筑陶瓷行业迅速发展。建筑陶瓷作为建筑材料中的重要组成部分，广泛应用于房屋、道路、庭院等建筑工程中，包括釉面砖、墙地砖、卫生陶瓷和园林陶瓷等多种类型。由于在原材料获取和生产加工方面具有优势，中国已成为全球最大的建筑陶瓷生产国、消费国和出口国。这种发展势头促进行业的持续壮大和国际竞争力的提升。目前，中国建筑陶瓷行业正处于加速转型升级和洗牌阶段，企业不仅面临行业内日益激烈的竞争，而且面临来自竞争材料和新业态的跨界挑战。

2022 年，我国陶瓷砖产量 73.1 亿 $m^2$，较 2021 年减少 10.5%。2023 上半年我国陶瓷砖产量 36.4 亿 $m^2$，同比下降 15.1%，预计 2023 年全年陶瓷砖产量将达到 70.4 亿 $m^2$，仍将保持下降趋势（图 1.5）。

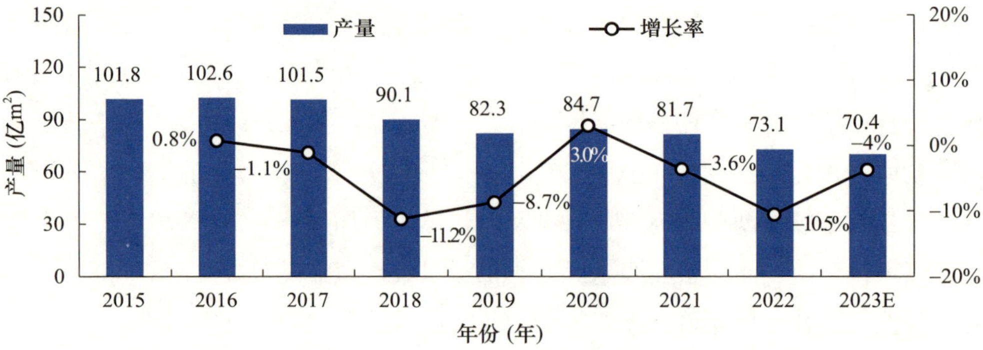


图 1.5　2015—2023 年中国陶瓷砖产量

（资料来源：中国建筑卫生陶瓷协会）

2023 年前三季度，中国建筑用陶瓷出口量为 1025 万 t，同比增长 9.5%，出口额为 65.21 亿美元，同比增长 17.9%。其中 2023 年前三季度我国陶瓷砖出口量约为 45083 万 $m^2$（图 1.6），同比增长 10.74%。我国陶瓷砖出口总值 34.83 亿美元（图 1.7），同比增长 14.88%；但从月度数据看，受国际经济环境影响，陶瓷砖在连续增长五个月后，近四个月陶瓷砖出口持续下跌。我国陶瓷砖出口前十大国家或地区分别为越南、中国香港、菲律宾等。出口前十省市中，七个实现增长，但福建、浙江、辽宁等省出口出现下滑。

2023 年以来，能源价格下降在一定程度上减轻了建筑陶瓷企业的成本压力，但行业内竞争依然激烈。一些龙头企业如东鹏控股、新明珠、蒙娜丽莎等在上半年业绩大幅改善，其中东鹏控股预增超过 200%。然而，在供大于求的市场环境下，许多中小型企业面临破产和倒闭的困境。

图 1.6 2015—2023 年前三季度中国陶瓷砖出口量

（资料来源：中国建筑卫生陶瓷协会）

图 1.7 2015—2023 年前三季度中国陶瓷砖出口额

（资料来源：中国建筑卫生陶瓷协会）

相比之下，头部企业凭借其产品、技术和品牌优势更容易获得市场资源。这导致建筑陶瓷行业集中度持续向龙头企业集中，“马太效应”明显。龙头企业的强势地位更加稳固，而其他企业则面临着市场份额被逐渐挤压的局面。

从企业来看，东鹏控股 2023 年上半年营业收入为 36.28 亿元，同比增长 15.84%，净利润为 3.84 亿元，同比增长 224.86%。蒙娜丽莎扭亏为盈，实现净利润 1.64 亿元，营收为 29.1 亿元，同比下降 0.49%。天安新材净利润为 3716 万元，增长 134.6%。新明珠上半年营收 36.7 亿元，净利润 4.02 亿元，增长近 100%。太阳陶瓷、格仕祺陶瓷上半年销售业绩分别同比增长了 16% 和 25% 以上。然而，相较之下，规模较小的四通股份上半年亏损 1206 万元，亏损幅度较去年同期扩大，主要因为市场需求疲软导致业绩下滑。总体来看，大型陶企受益于规模效应，上半年业绩增长强劲，而中小企业则面临更大的经营压力。2013—2022 年建筑陶瓷发展情况见表 1.5。

表 1.5　2013—2022 年建筑陶瓷发展情况

| 年份（年） | 企业数量（家） | 主营业务收入（亿元） | 销售利润率（%） |
| --- | --- | --- | --- |
| 2013 | 1463 | 3967 | 7.6% |
| 2014 | 1434 | 4400 | 6.7% |
| 2015 | 1472 | 4802 | 6.8% |
| 2016 | 1504 | 5216 | 7.0% |
| 2017 | 1402 | 4163 | 6.4% |
| 2018 | 1265 | 2993 | 5.9% |
| 2019 | 1143 | 3079 | 5.8% |
| 2020 | 1076 | 3111 | 6.6% |
| 2021 | 1048 | 3415 | 5.9% |
| 2022 | 1026 | 3275 | 4.7% |

数据来源：中国建筑卫生陶瓷协会。

从建筑陶瓷产线及产能来看，2022 年我国建筑陶瓷产线 2485 条，较 2020 年减少 10%；陶瓷产能 125.6 亿 $m^2$/ 年，增加 1.95%。我国陶瓷砖产能最高的省份是广东，日产能 1091.31 万 $m^2$，其次是江西，日产能 566.93 万 $m^2$（表 1.6）。

表 1.6　2022 年部分地区陶瓷砖日产能

| 序号 | 省份 | 日产能（万 $m^2$） |
| --- | --- | --- |
| 1 | 广东 | 1091.31 |
| 2 | 江西 | 566.93 |

续表

| 序号 | 省份 | 日产能（万 $m^2$） |
|---|---|---|
| 3 | 福建 | 404.96 |
| 4 | 广西 | 282.12 |
| 5 | 山东 | 261.46 |
| 6 | 四川 | 256.11 |
| 7 | 河南 | 219.15 |
| 8 | 河北 | 163.2 |

数据来源：中国建筑卫生陶瓷协会。

从生产线来看，我国陶瓷行业产品结构发生明显变化，传统产品如仿古砖、陶瓷砖、外墙砖等生产线大幅减少，而新产品如抛釉砖、大板 / 岩板 / 薄板以及地铺石等生产线获得较大增长。从具体数据看，2022 年全国仿古砖生产线减少 100 条，减幅 25.13%；陶瓷砖减少 143 条，减幅 37.14%；外墙砖减少 119 条，减幅 38.02%。与此同时，抛釉砖生产线增加 83 条，增幅 14.09%；大板 / 岩板 / 薄板生产线增加 46 条，增幅 26.9%；地铺石生产线也增加 40 条，增幅 48.78%。这标志着我国陶瓷产品正朝多样化和功能化方向发展。

2023 年上半年，在房地产调控政策持续宽松的背景下，市场快速反弹后回落，消费者维持观望情绪。与此同时，各地推进装配式和全装修建筑的政策进一步细化，促进了建筑工业化发展。在精装修市场方面，受新房销售不佳影响，2023 年上半年精装修新开盘数量为 37.6 万套，同比大幅下降 45.1%，精装修项目渗透率为 37.7%，较 2022 年全年下降 2.4 个百分点（图 1.8）。区域方面，华东和华南仍为主力区域，西南区域快速崛起，高端城市占比上升，下沉市场缩减，腰部房企成为市场主力。

近年来，国家持续推进装配式建筑政策，部分地区对于全装修也有了更加精细化指导和要求（表 1.7）。2021 年，住房城乡建设部、发展改革委已经在全国各地出台了推广装配式建筑的政策。2022 年 6 月，两部委提出城乡建设领域碳达峰方案，要求推进装配化装修，实现建材的可循环使用。此后，各地也在全装修和装配式装修方面制定了更加细致的政策：宁德市要求到 2023 年新建商品房全装修交付比例达 30% 以上，2025 年达到 50% 以上。南京市要求居住建筑和公共建筑采用全装修。福州市对采用装配式全装修的商品房给予预售政策支持，并鼓励各类建筑项目申报装配式装修试点，重庆市要求推广集成厨卫、装饰墙板等工业化装修部品，建立部品部件供应体系。

图 1.8　2015—2023 年中国精装房开盘套数

表 1.7　我国部分地区精装修目标

| 实施时间 | 地区 | 政策内容 |
| --- | --- | --- |
| 2020 年 | 上海 | 外环线达到 100%，除奉贤区、金山区、崇明区之外，其他地区达到 50%。奉贤区、金山区、米明区实施全装修比例为 30%。至 2020 年应达到 50%。本市公共租赁房全装修比例为 100% |
| 2020 年 | 湖北 | 全省公共租房实施 100% 全装修；武汉市、襄阳市、宜昌市和荆门市实现 100% 全装修，其他设区城市全装修比例达到 50% |
| 2020 年 | 江苏 | 全区全装修比例 50% 以上，装配式建筑和公共租房实现 100% 全装修 |
| 2020 年年底 | 黑龙江 | 县以上全装修比例不低于 50%，齐齐哈尔市、牡丹江市、佳木斯市、大庆市不低于 40%，其他市（地）不低于 30%。县级城市不低于 20% |
| 2020 年年底 | 宁夏 | 鼓励引导全装修，单项 5 万 $m^2$ 以上的开发项目，商品住宅全装修比例占 50% 以上的，一次性给予 200 万元资金奖励 |
| 2021 年 | 山西 | 全省全装修比例达 60% 以上，其中太原市中心城区达到 100%，大同、朔州、晋中、阳泉、长治、晋城、临汾、运城市中心城区达到 95% 以上，忻州、吕梁市中心城区达到 90% 以上 |

续表

| 实施时间 | 地区 | 政策内容 |
|---|---|---|
| 2023 年 4 月 | 喀什 | 到 2025 年，全地区装配式建筑占新建建筑面积的比例达 30% 以上，装配率不低于 50% |
| 2023 年 4 月 | 浙江 | 至 2023 年，新开工装配式建筑面积居前列，占新建建筑比例达到 34% 以上 |
| 2023 年 4 月 | 陕西 | 到 2025 年装配式建筑占新建建筑比例达到 30% 以上（单体装配率不低于 50%） |
| 2023 年 5 月 | 南京 | 居住建筑单体预制装配率不低于 50%，公共建筑单体预制装配率不低于 45% |
| 2023 年 5 月 | 宁德 | 鼓励中心城区新建商品住房一次装修到位。推广菜单式全装修模式。2023 年新建商品住房全装修交付比例达到 30% 以上 |
| 2023 年 5 月 | 马鞍山 | 到 2025 年，全市装配式建筑占新建建筑面积的比例达到 40%；到 2030 年，全市装配式建筑占新建建筑的比例达到 50% 以上，装配率超过 50% 的装配式建筑项目 |
| 2023 年 5 月 | 南京 | 居住建筑单体预制装配率不低于 50%，公共建筑单体预制装配率不低于 45% |
| 2023 年 6 月 | 福州 | 采用装配式全装修交付的商品房项目，符合预售条件的，允许优先申请办理商品房预售许可 |
| 2023 年 7 月 | 重庆 | 在房屋建设中推动预制柱、预制梁、墙体保温一体化预制外墙板等工业化建造技术应用 |

近年来，各地政府响应国家号召，纷纷提出绿色建筑政策，以应对环境挑战和促进可持续发展（表 1.8），包括鼓励新建住宅采用绿色标准，奖励公共建筑的节能改造，推动先进质量管理方法的应用，以及制定明确的目标，如到 2025 年完全实现城镇新建建筑的绿色化。这一发展趋势将在未来几年内塑造建筑行业，促使更多环保、可持续的建筑实践，为生态保护和社会可持续性做出积极贡献。

**表 1.8　部分地区绿色建筑政策**

| 实施时间 | 地区 | 政策内容 |
|---|---|---|
| 2023 年 1 月 | 山西 | 预计到“十四五”期末，新建住宅绿色建筑占比达到 100%。各市出让“标准地”内新建住宅建筑，应执行绿色建筑一星级及以上标准 |
| 2023 年 2 月 | 北京 | 对于公共建筑节能绿色化改造项目，每平方米奖励不超过 20 元，单个示范项目市级奖励资金总额不超过改造投入的 30%；超低能耗建筑按照实施建筑面积给予每平方米不超过 60 元的市级奖励资金 |
| 2023 年 2 月 | 全国 | 加强先进质量管理模式和方法高水平应用，提升建筑工程的质量和安全性能，大力发展绿色建筑 |

续表

| 实施时间 | 地区 | 政策内容 |
|---|---|---|
| 2023 年 3 月 | 全国 | 到 2025 年，完成既有建筑节能改造面积 3.5 亿 $m^2$ 以上，建设超低耗能，近零能耗建筑 0.5 亿 $m^2$ 以上，装配式建筑占当年城镇新建建筑比例达到 30%，全国新增建筑太阳能光伏装机容量 0.5 亿 kW 以上，地热能建筑应用面积 1 亿 $m^2$ 以上，城镇建筑可再生能源替代率达到 8%，建筑能耗中电力消费比例超过 55% |
| 2023 年 4 月 | 云南 | 到 2025 年，全省城镇新建建筑全面执行绿色建筑标准，星级绿色建筑占比力争达到 30% 以上 |
| 2023 年 7 月 | 山东 | 计划在 2025 年，全省城镇新建民用建筑中绿色建筑占比达 100% |

在 2023 年，建筑陶瓷行业受房地产调控和去库存影响，需求有所减弱，行业发展进入存量增长时代。面对发展形势的变化，陶瓷行业正在加快转型升级。一方面，行业增速放缓，告别高速增长时代，更加依赖提质增效来构筑竞争力，通过产品、服务、管理的升级转型来应对日益激烈的竞争。另一方面，行业加快实现绿色低碳发展，积极研发和应用绿色环保新材料。企业加强服务创新，提供成品销售和售后服务，推进服务创新，探索为消费者提供一站式硬装产品解决方案，丰富产品种类，配套销售陶瓷砖胶、美缝剂等辅材，以整体解决方案满足消费者需求（表 1.9）。

**表 1.9　2015—2022 年房地产开发企业建筑陶瓷类重点品牌首选率**

| 首选品牌 | 2015 年 | 2016 年 | 2017 年 | 2018 年 | 2019 年 | 2020 年 | 2021 年 | 2022 年 |
|---|---|---|---|---|---|---|---|---|
| 马可波罗 | 17% | 17% | 18% | 19% | 20% | 20% | 21% | 22% |
| 蒙娜丽莎 | 3% | 4% | 12% | 16% | 17% | 17% | 18% | 20% |
| 欧神诺 | 14% | 12% | 11% | 12% | 14% | 14% | 14% | 16% |
| 东鹏 | 15% | 16% | 14% | 14% | 13% | 12% | 9% | 13% |
| 欧美（欧雅陶瓷） | — | — | 2% | 3% | 8% | 10% | 11% | 12% |
| 冠珠（新明珠陶瓷） | 6% | 3% | 4% | 8% | 7% | 7% | 2% | 6% |
| 能强 | — | — | — | 2% | 2% | 6% | 8% | 11% |
| 诺贝尔 | 16% | 15% | 13% | 12% | 12% | 3% | 4% | 9% |
| 简一 | 2% | 2% | 2% | — | — | 2% | 1% | 3% |

数据来源：中房网。

### 1.3.2 2024 年建筑陶瓷行业发展趋势

近年来，国家制定了系列相关政策，强化对建筑陶瓷行业转型升级和节能减排的监管，在此背景下，建筑陶瓷行业经营规范性不断提高，环保投入显著增加，中小企业面临逐步被淘汰的风险。随着国家“双碳”目标的推进实施，陶瓷行业作为高能耗重点领域，面临巨大的低碳转型压力。2023 年 5 月，河南省发布的《陶瓷工业大气污染物排放标准（征求意见稿）》拟增设 H2S 控制因子，对当地陶瓷企业提出了更加严格的环保要求。全国多地先后出台政策措施，加大力度严控包括陶瓷在内的重点领域节能工作。部分省市还要求陶瓷等重点行业进行脱硫、脱硝、除尘深度治理，并完成工业炉窑综合整治，推动陶瓷行业的转型升级，促进其可持续发展。

（1）环保政策收紧，督促企业转型升级

随着国家“双碳”目标推进实施，中国陶瓷业迎来绿色环保的转折点。陶瓷产业正努力增加绿色环保的发展势力，以满足市场的需求。在日益严峻的环境问题面前，绿色环保成为各行各业的重要发展方向。建筑陶瓷行业更加注重环保、节能、低碳等方面的技术创新和生产流程优化。例如，采用更环保的原材料和生产工艺，降低能耗和减少废弃物排放。陶瓷行业面临巨大的低碳转型压力，到 2025 年，建筑陶瓷和卫生陶瓷行业能效标杆水平以上的产能比例达到 30%，确保 2030 年建材行业实现碳达峰。

2023 年，国家发展和改革委员会资源节约和环境保护司召开部分省市节能工作座谈会。会议强调，要推动重点领域节能降碳，坚决遏制“两高一低”项目盲目发展，加强建筑陶瓷、卫生陶瓷等行业管理，防范产能无序扩张；推广电锅炉、电窑炉、电加热等技术，扩大电气化终端用能设备使用比例；推广应用电窑炉和喷雾塔燃煤替代工艺，提高清洁能源消费比重；加快推广干法制粉、连续球磨工艺等低碳节能技术；加快推进绿色建材产品认证和应用推广；推进陶瓷企业智能化改造、绿色化改造等。实施陶瓷等重点行业脱硫、脱硝、除尘深度治理。建立以区域环境质量改善和碳达峰目标为导向的企业退出清单制度，严控建设陶瓷炉窑数量，优化生产资源配置和行业空间布局，加大资源整合力度，逐步淘汰经济效益低、治理水平差的产能。

（2）行业洗牌加速，集中度稳步提升

建筑陶瓷行业上游原燃料价格上涨，显著抬升陶瓷砖成本。在陶瓷砖生产中，约有 25% 的成本来自能源动力，受行业上游能源（煤、天然气）价格的急剧上涨影响，除了燃料外，胚釉料、化工料等原材料价格均有不同程度的涨幅，导致行业平均生产成本大幅提高。同时，在“碳达峰、碳中和”目标背景下，各主要产区均受到不同程度的限电、限产及能耗指标的影响。受行业环境变化、政策调控的影响，国内建筑陶瓷行业竞争白热化，行业面临较大经营压力。

2022 年，建筑陶瓷行业中的氢氨能源燃烧技术得到了大量的研究。氨作为一种清洁的可再生能源，因其高能量密度、相对低的成本、稳定的安全性和良好的工业基础而具有较大发展潜力。氨已经在某些能源设备中被用作燃料。许多国内外的学者对氨燃烧的特点和机制进行了深入的研究，这为氨未来作为清洁能源奠定了基础。氢氨零碳燃烧技术在陶瓷行业的应用也取得了初步进展。氢氨燃烧技术在实施时对现行的燃烧设备和建筑材料制造线的改动相对较小，而其在安全和便捷性上都表现得相当出色。目前，氢和氨被公认为具有零碳排放的极端实用的工业燃料，因为它们在燃烧时不会产生任何的碳排放。但由于工业炉窑的燃气需求巨大，氢气的大规模储存和运输都面临技术上的挑战，所以在当前，使用氨作为燃料似乎是更为合适的选择。随着我国氢氨新能源产业在氢氨来源上的广阔布局、降低氢氨的成本以及实行碳税，氢氨作为一种绿色、可再生、零碳且成本可控的能源的优越性将日益显现。此外，从“一带一路”国家进口的低价液态氨，也会进一步推动氢氨成为一个零碳燃料的实际应用，从而使氢氨零碳燃烧的技术和产业优势更加显现。

经历煤、油、煤制气、天然气的用能过程，“煤改气”需要一定的资本投入对产线进行改造，且能源成本大幅增长。随着政府不断推进“煤改气”进程，能源成本倍增使中小企业逐步退出市场，行业集中度逐步提升。

（3）直击消费痛点，产品多元化发展

近几年，用户需求导向推进产品服务创新，企业顺应消费转型趋势，加快产品和服务创新，不断提升用户体验和满意度，挖掘用户痛点，针对消费者在使用产品或服务过程中最关心、最迫切需要解决的问题，进行解决或优化。企业利用超耐磨钻石釉技术和岩板、密缝连纹铺贴技术，打造全新产品升级。同时因岩板广泛的应用场景取代了部分石材、玻璃等装饰材料市场，也带来了建陶产业新的上升空间，建材和大家居两大市场的叠加，让建筑陶瓷产业的经营范围迅速扩大。

此外，岩板材料具有很强的可塑性，在材质光泽度、颜色多样化等方面还有很大的探索空间（表 1.10）。目前，已经有部分企业开始尝试全彩岩板等小众市场的开发。未来，岩板产品将形成独特的差异化优势及技术优势，引领行业快速发展。

表 1.10 2022—2023 年通过鉴定的岩板相关科技成果项目

| 企业名称 | 年份（年） | 科技成果项目 | 技术水平 |
| --- | --- | --- | --- |
| 蒙娜丽莎 | 2022 | 多维曲面岩板关键技术的研发及产业化 | 国际领先 |
| | 2022 | 暗浮雕岩板关键技术的研发及产业化 | 国内领先 |
| | 2022 | 定位结晶釉陶瓷岩板的研发及产业化 | 国际先进 |
| | 2022 | 大尺寸高强度釉抛超薄陶瓷板关键技术及产业化 | 国际先进 |
| | 2022 | 多功能柔抛陶瓷大板关键技术研发及产业化 | 国际领先 |
| | 2022 | 陶瓷岩板烧结法表面隐形防伪技术研发 | 国际领先 |
| | 2023 | 分级纳米基元序构的高性能超薄陶瓷岩板制备关键技术 | 国际领先 |
| | 2023 | 多重立体装饰效果原石质感陶瓷产品研究及产业化 | 国际领先 |
| 新明珠 | 2022 | UV 光固化复合材料增强陶瓷岩板关键技术、装备与应用 | 国际先进 |
| | 2022 | 基于石墨烯发热膜的电热陶瓷岩板制造及产业化应用 | 国际领先 |
| | 2023 | 基于大数据平台的辊道窑智能管控系统及方法 | 国际先进 |
| | 2023 | 高强易加工陶瓷岩板的关键技术研究及应用 | 国际先进 |
| | 2023 | 三维精准布料通体陶瓷岩板的研究及产业化 | 国际先进 |
| 马可波罗 | 2022 | 陶瓷岩板数码立体装饰技术的研究及产业化 | 国际领先 |
| | 2022 | 3mm 厚大规格抛光岩板关键技术的研发及产业化 | 国际先进 |
| | 2022 | 耐热透光陶瓷岩板 | 国际领先 |
| | 2022 | 曲面连纹陶瓷岩板关键技术研究及产业化 | 国际先进 |
| 东鹏 | 2022 | 复刻原生纹理效果陶瓷岩板关键技术研究及产业化 | 国际领先 |
| | 2022 | 基于青石 / 渣资源化利用的环境友好岩板关键技术研发及其产业化应用 | 国际领先 |
| | 2023 | 陶瓷岩板 / 砖数字化装饰关键技术及产品的研发 | 国际先进 |
| | 2023 | 数字化陶瓷岩板 / 砖柔性生产线的设计与应用研究 | 国际先进 |
| 欧文莱 | 2022 | 超大规格薄型岩板成型技术（装备）国产化及 3mm 家电饰面岩板 | 国际领先 |
| | 2023 | 釉层打印成型技术及“时光盒子”肌纹釉岩板 | 国际领先 |
| 金丝玉玛 | 2022 | 发光 K 金星空岩板成套制备技术 | 国际先进 |

随着中国岩板市场大爆发，大量企业入局，建陶企业纷纷升级高端陶瓷生产机械装备，部署岩板等智能生产线，虽然增加了行业景气度，但生产线的盲目扩张所带来的结果只会是透支岩板市场的发展空间。同时更多大岩板线投产，将以相近或更低的价格抢占市场，不断压缩中小企业的生存空间，已经出现局部价格战的迹象。中小企业不断被兼并重组，行业集中度将提高。

## 1.4 中国预拌砂浆行业运行情况

### 1.4.1 2023 年中国预拌砂浆行业发展现状及趋势

预拌砂浆是指由水泥、砂、矿物掺和料、添加剂和水等原材料，在搅拌站按照一定比例混合而成的混合物。它可以在施工现场直接使用，不需要再进行现场搅拌，具有减少粉尘污染、减少废弃物、节约能源以及环保材料等特点。随着技术的不断创新和进步，生产设备的效率大幅提高，先进材料技术的广泛应用也有效降低了成本。同时，环保意识的提升和政府对绿色政策的倾斜进一步加强了预拌砂浆在建筑领域的应用。由于其环保和节能的特性，预拌砂浆越发受到青睐。市场需求方面，城市化和基础设施建设的加速使预拌砂浆的需求稳步增长。企业在生产和供应链管理上的创新，以及对环保和可持续发展的重视，也为行业发展注入了新动力。政府对绿色建筑材料的支持，如税收优惠和财政补贴，进一步推动了行业的健康成长。

2004—2009 年，预拌砂浆行业经历一段“禁限”。其间，政府监管的严格限制和标准化要求，确保产品质量和环境保护。随着 2013 年的绿色发展理念的引入，行业开始更加注重环保和可持续发展，推动了技术和工艺的改进。2015 年，预拌砂浆行业规模迅速扩大，市场需求不断增加，各大企业竞相投资扩产，以满足市场需求。2016 年，行业经历了快速的发展，生产工艺不断优化，产品质量得到了提升，成为建筑行业不可或缺的一部分。2020 年，预拌砂浆行业进入了高速发展阶段，产品种类丰富，质量稳定，满足了各类工程的需求。同时，行业积极响应国家政策，推动绿色环保和节能减排。2021—2023 年，中国预拌砂浆行业进一步实现了高质量发展（图 1.9）。随着技术创新和质量控制的不断提升，预拌砂浆成为国际市场竞争力的象征，为中国建筑行业的可持续发展做出了重要贡献，行业展现出成熟和多元化的发展格局，由过去的政府主导转向政府、企业和市场的协同进步，在技术创新、市场需求和环保可持续性方面均显示出积极的发展态势。

图 1.9　2015—2023 年中国预拌砂浆产量

## 1.4.2　2024 年中国预拌砂浆行业发展趋势

### 1.4.2.1　国家政策助推预拌砂浆行业高质量发展

自 2007 年国家六部委颁布禁止现场搅拌砂浆、鼓励预拌砂浆的政策以来，中国预拌砂浆行业迎来了蓬勃的发展。近年来，国家环保要求的提升使得在建筑工地推广环保型的干混砂浆成为紧迫任务。各地方建设主管部门相继出台相关地方标准和政策法规，大力促进干混砂浆的广泛应用。同时，自 2020 年起，国家将碳达峰、碳中和纳入生态文明建设的整体规划，强调了绿色发展。这为建筑材料行业，尤其是混凝土和砂浆行业提出了更高的环保和减排要求。2022 年 7 月，住房城乡建设部发布公告，宣布淘汰部分建筑材料和施工工艺，其中包括饰面砖水泥砂浆粘贴工艺，这标志着水泥砂浆在陶瓷砖铺贴中的传统应用开始退出历史舞台。这一举措将进一步推动预拌砂浆行业的发展。

2023 年，国家全面推动生态文明和绿色发展，致力于促进城乡建设的绿色化和高质量发展，旨在改善环境质量，引领建筑行业进行全面的转型和升级，以实现更加可持续和环保的发展目标。随着绿色建设从基本国策提升为国家战略，国家出台了一系列相关措施和政策，致力于加强生态环境监管和保护，确保绿色建筑的精细化发展。在这样的政策背景下，预拌砂浆作为绿色建筑的关键材料之一，其市场前景十分广阔。受益于砂浆产能利用率的提高、环保型砂浆设备的升级，以及机械施工设备的智能化提升，预拌砂浆行业有望顺势而上，实现迅速增长。

1.4.2.2 开展清洁生产，推进绿色发展

“十四五”期间，建材工业将绿色低碳作为高质量发展的首要准则，指出要深入调整产业结构，加快绿色低碳建材产品发展和技术装备升级，全面提升建材工业绿色发展水平，推进预拌砂浆企业创建绿色工厂和预拌砂浆行业清洁生产改造工作。预拌砂浆生产企业按照国家标准开展清洁生产，做到生产线和原材料堆场全封闭，烘干采用清洁燃料，运输车辆实施保洁和加装车载收尘器，砂浆移动筒仓实施无尘化改造。同时加强生产、运输、存储全过程管控，推行低噪声、无粉尘、废料浆、零排放的绿色生产，持续推进绿色发展。

# 2

# 中国陶瓷砖粘贴产业发展情况

## 2.1 中国陶瓷砖粘贴行业概况

随着消费者对建筑装饰效果的要求不断提高，玻化砖和大规格陶瓷饰面材料因其更高强度、更佳耐磨性以及光滑、有纹理的表面而越来越受欢迎。传统的陶瓷砖铺贴工艺使用水泥砂浆作为胶粘剂，该工艺已有数十年的历史，但随着陶瓷砖发展的需求，水泥砂浆铺贴技术已无法满足现阶段高性能陶瓷砖的铺贴、黏结需求。传统的水泥砂浆粘贴工艺逐渐被取代，尤其是在高性能陶瓷砖的铺贴、黏结方面。随着陶瓷砖的发展和需求的变化，陶瓷砖胶等新型粘贴辅材的出现，使陶瓷砖的铺贴更加方便、快捷、安全和环保。相比传统的水泥砂浆，陶瓷砖胶具有更高的粘结力、更稳定的性能和更简单的施工工序，更适合目前流行的低吸水率和大规格陶瓷砖。此外，陶瓷砖干挂等新型工艺的出现，也为陶瓷砖的铺贴提供了更多选择。干挂工艺施工便利、安全环保，陶瓷砖本身性能也能得到更好的保护，不易出现变形、空鼓等情况。虽然传统的水泥砂浆粘贴工艺在某些情况下仍然适用，但随着技术的不断进步和市场需求的变化，新型的陶瓷砖粘贴工艺和材料将逐渐成为主流。

自 2023 年中国陶瓷工业协会陶瓷砖粘贴技术专业委员会开展调研工作以来，研究团队与协会相关会员单位密切配合，通过专家访谈、企业访谈、市场走访、消费者调研等研究方法，对中国陶瓷砖胶粘剂行业现状进行系统梳理和趋势调研。这次调研涵盖需求市场、生产施工市场和终端市场，涉及房地产商、陶瓷砖销售商、原材料供应商、建筑装修公司、施工工人和终端业主等多个方面。通过行业调研，委员会更好地了解陶瓷砖粘贴行业的现状和发展趋势，掌握市场需求和消费者的需求，了解陶瓷砖粘贴材料和工具的生产、供应情况，以及施工工人的技能和培训情况等。制定行业标准和规范，推动行业技术进步和创新，提高陶瓷砖粘贴质量和安全性，旨在进一步推广先进的陶瓷砖铺贴技术，甄选优秀的陶瓷砖粘贴材料和工具，从而助推建陶行业搭建应用交付体系，推动陶瓷砖胶粘剂产业的快速发展。

### 2.1.1 中国陶瓷砖胶粘剂产品结构及应用

陶瓷砖胶粘剂是一种用于将陶瓷饰面材料牢牢固定在基底上的建筑材料。根据其化学组成，陶瓷砖胶粘剂可分为水泥基胶粘剂（C）、膏状乳液胶粘剂（D）和反应型树脂胶粘剂（R）等类型，在市场上，水泥基陶瓷砖胶是主流产品之一。这种陶瓷砖胶由水泥、矿物集料以及有机外加剂混合而成，为粉状。在使用时，需要与水或其他液体混合搅拌。水泥基陶瓷砖胶广泛适用于内外墙面、地面、泳池等建筑场所，用于陶瓷饰面材料的粘贴。陶瓷砖胶粘剂的应用可以提供牢固而安全的粘贴效果，显著提高施工效率和安装质量，具有无毒、无味、无污染的特性，属于绿色环保产品。由于其主要由无机材料组成，水泥基陶瓷砖胶在施工和使用过程中不会释放有害物质，不会对环境和人体健康造成污染或危害。其环保性质使其广泛应用于建筑装饰领域，被认为是一种安全可靠的粘结材料。由于其性能优越，使用范围逐渐扩大，受到越来越多领域的青睐。

根据《墙地砖胶粘剂》（JC/T 547—2017）的规定，C1 型水泥基陶瓷砖胶粘剂的粘结强度大于等于 0.5MPa，而 C2 型的粘结强度大于等于 1.0MPa。此外，水泥基陶瓷砖胶粘剂还具有其他附加性能，如 T（抗滑移）、E（延长晾置时间）、F（快速硬化）和 S（柔性），其中 S1 表示横向变形指标介于 2.5 ～ 5mm，具有优秀的柔性，S2 则表示横向变形指标大于 5mm，柔性卓越。

《陶瓷饰面砖粘贴应用技术规程》（T/CECS 504—2018）则对常见的陶瓷砖胶型号及其推荐应用场所进行了详细说明。

### 2.1.2 中国陶瓷砖粘贴产业链结构

陶瓷砖粘贴是建筑装饰的关键步骤，其工程分为三个主要环节：工艺方案的选择、实施及现场管理，以及项目的验收和交付。这一过程牵涉陶瓷砖生产销售商、粘贴材料供应商、建筑装修公司、房地产商和终端业主等多方利益相关者。

在此过程中，房地产商或终端业主扮演核心角色，他们在考虑多方面因素后，决定粘贴工艺方案、材料选购以及对项目施工的满意度，而建筑装修装饰公司则主要提供咨询和参考意见（图 2.1）。

图 2.1　陶瓷砖粘贴工程的主要环节

（1）工艺方案选择

在确定陶瓷饰面材料粘贴工艺方案时，房地产企业、建筑装修装饰公司以及小业主通常会共同考虑多种因素。这些因素包括建筑物的基层类型，陶瓷饰面材料的类型和特性，应用环境（例如用途和场所），以及房地产商或终端业主的经济状况等。

在工艺方案选择的过程中，相关方会根据建筑物的不同基层类型（如墙面、地面等），陶瓷饰面材料的特性（例如尺寸、吸水率、耐磨性等），以及预期的使用环境（例如厨房、卫生间、室外等）来考虑最合适的粘贴工艺方案。这可能涉及选择不同类型的陶瓷砖胶或胶粘剂，并确定合适的施工方法和技术。

综合考虑预算、品质需求、装修效果以及整体装修方案，最终由房地产商或终端业主决定采用何种粘贴材料和工艺方案，以最终确定最适合的陶瓷饰面材料粘贴工艺方案。

（2）方案实施及现场管理

方案实施及现场管理环节主要包括粘贴材料的选购和现场施工管理两个方面，其协调与管理对于一个装修项目的顺利进行至关重要。精心的材料选购与高效的现场施工管理将有助于确保装修项目的顺利实施，达到预期的效果和质量标准。

粘贴材料的最终选择由房地产商或终端业主决定，考虑因素包括经济水平、粘贴材料的质量、价格、品牌知名度以及建筑装修装饰公司的采购建议。经济水平影响着材料选择的预算限制，而对质量、价格和品牌知名度的考量则直接关系到材料的性能、持久性和用户体验。

现场施工管理通常由建筑装修装饰公司负责实施。这一阶段的管理水平直接关系到项目的施工质量，包括但不限于施工队伍的管理、施工进度的把控、施工过程中的质量监督、安全管理、材料使用的合理性等。有效的现场施工管理能够确保施工过程的顺利进行，达到预期的装修效果，并保证工程质量符合标准和要求。

（3）项目验收交付

项目验收交付环节主要由房地产商或终端业主负责执行（图 2.2）。在此阶段，项目的最终质量和业主的满意度将受到工艺方案选择、方案实施及现场管理环节的综合影响。涉及工艺方案选择阶段考虑的诸多因素，包括建筑物基层类型、陶瓷砖品质以及粘贴工艺方案的合理性。同时，方案的实施和现场管理阶段的关键因素也至关重要，例如所选粘贴材料的品质、施工管理水平等。这些因素共同作用，决定了项目最终的质量和业主的满意度。合理的工艺方案选择、优质的施工实施以及严格的现场管理，有助于确保项目达到预期的效果，并保证交付的房屋或空间符合业主的期待，提升整体的品质和满意度。

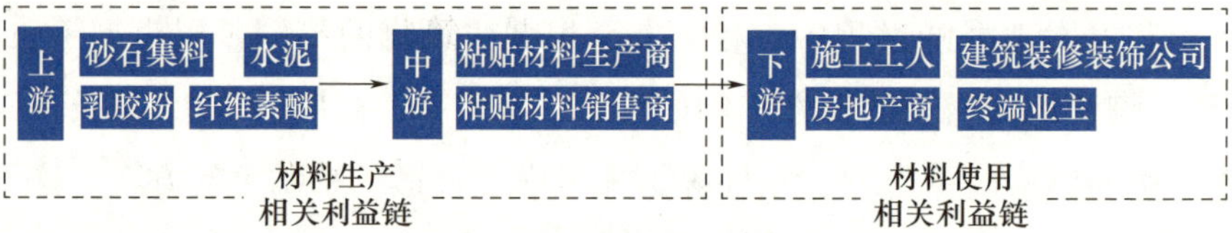


图 2.2　陶瓷砖粘贴产业链及主要利益相关者

陶瓷砖粘贴工程的施工流程涉及多个利益相关方，形成了两个主要的产业链环节，即材料生产环节和材料使用环节。材料生产环节包括原材料供应商和粘贴材料的生产及销售商，材料使用环节则包括房地产开发商、建筑装修公司、施工工人以及终端业主，这些参与者构成了陶瓷砖粘贴产业完整的利益链条。

在陶瓷砖粘贴材料行业中，材料生产相关利益链和材料使用相关利益链的参与者因其在产业链中的不同位置，对行业的影响程度有所不同。这些差异主要体现在其对产品规格、质量标准、市场需求和施工技术等方面的影响力和决策能力上。这些不同的利益相关者共同构建了陶瓷砖粘贴材料产业链，其在不同方面的影响力和作用使整个产业链更为完整和互相依存。

2.1.2.1 材料生产相关利益链：涉及原材料生产商与陶瓷粘贴材料生产及销售商

原材料供应商与陶瓷粘贴材料的生产及销售商在产业链中属于产品供应端。其影响主要体现在产品的研发、生产工艺、质量控制和市场推广等方面。其决策将直接影响产品的特性、品质和市场竞争力。

原材料生产商主要从事砂石集料、水泥、乳胶粉、纤维素醚等关键原材料的生产和销售。近年来，受到行业去产能和绿色生产政策的影响，这些企业面临的主要挑战是维持企业的稳定运营、适应生产条件的变化、确保产品供应连续性，以及保持市场份额的稳定。

陶瓷砖粘贴材料的生产和销售主要集中在陶瓷砖胶粘剂、填缝剂和美缝剂等产品。中国陶瓷砖胶粘剂产业的市场入门门槛相对较低，导致企业数量众多，市场竞争呈现分散态势。“十四五”规划实施以来，国家发布了多项关于地产全装修和精装交付的政策法规，为陶瓷砖胶粘剂行业提供了政策支持。这些政策有助于规范市场，促使以低端产品为主的小型企业逐步退出市场，推动市场集中度提升。预计未来随着产品技术升级和消费者需求增长，中国陶瓷砖胶粘剂市场将保持增长趋势。

2.1.2.2 材料使用相关利益链：涉及房地产、建筑装修公司、工人、终端业主

房地产业与陶瓷砖安装领域息息相关，房地产行业的发展直接影响陶瓷瓷面材料的粘贴市场需求。作为房屋和建筑物的开发者，房地产商是陶瓷砖粘贴产业链中至关重要的需求方之一。他们的决策牵涉建筑规模、定位水平、墙面/地面材料以及初始装修程度等因素，这些因素会影响在陶瓷砖安装过程中所选择的材料类型和需求量。

装饰建筑公司在陶瓷饰面材料粘贴工程中扮演着重要的施工方角色。这类公司的粘贴工艺方案设计水平、施工能力、施工人员素质以及现场管理水平，直接决定陶瓷砖粘贴的最终质量，对公司的声誉和品牌知名度产生影响。

施工工人是终端市场的主要参与者，他们直接参与施工过程。在施工阶段，陶瓷砖的粘贴质量直接影响房屋和建筑物的整体效果和安全性。而施工工人在选择陶瓷砖和陶瓷砖胶粘剂品牌方面具有重要影响力。因此，陶瓷砖胶粘剂制造商积极向施工工人进行宣传和培训，以提高品牌在施工工人中的知名度，并提升他

们在使用陶瓷砖胶粘剂产品时的粘贴技能水平，这是增强品牌知名度和提高企业销售业绩的有效途径。

终端业主是陶瓷砖粘贴的最终需求方，他们对于陶瓷砖粘贴施工的质量要求直接影响房屋的交付。终端业主决定陶瓷饰面材料品牌、陶瓷砖胶粘剂品牌以及建筑装修装饰公司的选择，同时会对品牌声誉传播产生一定的影响。

总体来说，陶瓷砖粘贴行业的发展和陶瓷砖胶粘剂品牌的推广受到多方利益相关者的影响。这包括材料生产链中的原材料生产商和粘贴材料销售商，以及材料使用链中的房地产商、建筑装修公司、终端业主和施工工人。这些利益相关者在陶瓷砖粘贴行业的发展和陶瓷砖胶粘剂品牌的推广过程中都扮演着重要的角色。

## 2.2 中国陶瓷砖胶粘剂上游原材料市场运行现状

### 2.2.1 中国砂石集料行业发展现状

砂石集料是建筑和土木工程中必不可少的基础材料，主要由砂、石（如鹅卵石、碎石等）以及其他颗粒状材料组成。这些集料通常来自自然资源的开采，并经过一系列的处理，例如清洗、筛分和分级，以满足特定工程需求。同时砂石集料是混凝土的主要组成材料之一，与水泥、水等其他材料一起混合形成混凝土。砂石约占混凝土质量的 6/7，是混凝土的骨架。中国每年约消耗 150 亿 t 砂石集料用于混凝土，加上用于沥青混凝土、水处理等其他用途，总计约 200 亿 t，占全球总量的一半。我国砂石集料行业年产值接近 2 万亿元。鉴于中国人口众多、经济体量巨大、经济增速较快，预计未来 5 ～ 10 年我国砂石集料年需求量达到峰值后将趋于稳定，峰值预计在 250 亿 t。砂石集料行业在全球经济中具有关键性地位，在现代建筑和基础设施中扮演着至关重要的角色。

#### 2.2.1.1 砂石集料行业运行现状

中国是全球最大的砂石集料市场之一，该行业在建筑、基础设施建设、房地产和交通运输等领域有着巨大需求。砂石集料已成为基础设施建设工程中不可或缺、不可替代的主要材料。特别是机制砂，不仅能够降低投资成本，而且能够提高经济效益，从产品替代、环境保护以及资源循环利用等多个角度看，机制砂石都展现出巨大的发展潜力。其优势不仅在于满足工程需求，而且在促进可持续发展方面发挥重要作用。

（1）需求持续下降，价格振荡走低

2023 年前三季度，受到房地产市场影响，全国砂石市场整体表现为需求疲软，持续低迷，水泥、砂石、混凝土建材产业链上下游企业需求萎缩、市场不景气。主要由于建筑业和基础设施建设项目减少，企业面临较大的经营压力和利润下滑。

2023 年年初，全国砂石矿山厂的产线开机率呈现明显的下行趋势，低谷期开机率仅为 19%。随着春节后期的到来，开机率开始缓慢回升，直至 3 月中旬稳定在六成左右水平。而到 4 月底，开机率达到高峰，为 68%。然而，矿山厂供给过剩且下游需求不及往年，导致库存积压严重。在这种情况下，一些矿山厂不得不减少开机次数或开机时间，以应对市场状况。2023 年前三季度部分代表性地区机制砂价格见表 2.1。

表 2.1 2023 年前三季度部分代表性地区机制砂价格　　元 /t

| 地区 | 1 月 | 2 月 | 3 月 | 4 月 | 5 月 | 6 月 | 7 月 | 8 月 | 9 月 |
|---|---|---|---|---|---|---|---|---|---|
| 北京 | 49 | 49 | 49 | 49 | 44 | 44 | 44 | 44 | 44 |
| 福建 | 55 | 55 | 55 | 55 | 55 | 55 | 55 | 53 | 53 |
| 江西 | 85 | 85 | 90 | 98 | 98 | 97 | 97 | 96 | 95 |
| 青岛 | 118 | 115 | 117 | 116 | 111 | 110 | 108 | 105 | 105 |
| 成都 | 82 | 82 | 92 | 90 | 87 | 87 | 87 | 87 | 80 |
| 重庆 | 57 | 57 | 54 | 54 | 54 | 54 | 54 | 54 | 55 |
| 长沙 | 110 | 113 | — | 110 | 108 | 108 | — | 82 | 82 |
| 南京 | 90 | 87 | 86 | 84 | 80 | 78 | 72 | 71 | 71 |
| 扬州 | 87 | 84 | 85 | 83 | 79 | 77 | 71 | 70 | 70 |
| 南通 | 81 | 78 | 86 | 84 | 80 | 78 | 72 | 71 | 71 |
| 上海 | 115 | 112 | 115 | 115 | 115 | 110 | 107 | 104 | 104 |

数据来源：中国砂石协会。

（2）进口走势上行，行业竞争加剧

根据海关的数据，2023 年 1—5 月，我国天然砂的进口量达到 29.92 万 t，相较于 2022 年同期增长了 25.7%；同一时期，我国碎石的进口量为 3.81 万 t，相较于 2022 年同期激增了 699.5%。因为新冠病毒感染疫情的缓和和海运费用的持续下降使相关城市的需求得到恢复，因此天然砂和碎石的进口量出现了上升的趋势。在 2022 年，我国建设用砂石的出口总量为 1197.06 万 t，其中包括天然砂 90.42 万 t，碎石 1106.64 万 t。2023 年 1—5 月，我国建设用砂石的出口总量为 446.26 万 t，其中天然砂为 28.93 万 t，相较于 2022 年下降了 23.6%，碎石为 417.33 万 t，相较于 2022 年下降了 7%。近年来，由于河砂的禁采以及环保的管控等因素的影响，我国的建设用砂石出口量呈持续减少的趋势。

未来国内砂石市场将更加开放，带来更多的国外砂石产品。这可能会给国内的砂石企业带来更激烈的竞争，迫使企业提升产品质量和服务水平，也可能催生新的商业模式和市场机会。砂石进口量的增加，有利于支持国内的建筑和基础设施项目。但同时，如果国内的砂石供应依赖进口，就可能受到国际市场价格波动的影响。

（3）政策利好密集出台，引导行业健康有序发展

2023 年，中国砂石集料行业在政策引导、技术创新、市场需求等多重因素的推动下，持续保持了快速发展态势。

政策方面，国家和地方政府继续加大对砂石集料行业的支持力度。2022 年 11 月，中国砂石协会发布了《砂石工业“十四五”发展实施方案》，明确提出要推广应用高性能砂石集料，倡导绿色、安全、高质量的发展，并鼓励行业健康有序发展。2023 年 4 月，自然资源部印发《自然资源部关于规范和完善砂石开采管理的通知》，从科学规划、矿业权出让、绿色开发、事中事后监管等方面，全过程指导地方提升砂石资源市场供应能力，支持重大基础设施建设项目有效推进，支持现代化基础设施体系加快建设。同时，针对砂石资源开采中存在的问题，进一步提出规范管理的相关要求。

同时行业内不断涌现出新型生产工艺和装备，提高了生产效率和产品质量。随着中国基础设施建设的持续推进，特别是城市化进程的加快，建筑、水利、交通等行业对高性能砂石集料的需求在不断提升，为行业发展提供了广阔的市场空间。未来，中国砂石集料行业将继续保持良好的发展态势。在政策支持、技术创

新和市场需求的共同推动下，行业将朝着更加绿色、高效、高质量的方向发展。

2.2.1.2 *砂石集料行业发展趋势*

砂石行业自党的二十大以来在政策管理方面发生了诸多变化，包括采矿权管理、河砂管理、税费管理和生态修复等。然而，企业面临着诸多挑战，如采矿权减量化带来不合规退出风险、税费变革对企业打击、市场供需关系复杂化等。2023 年，受到外部环境变化和内部结构的调整影响，砂石行业的生存环境变得更为严峻。矿产资源税的缴纳方式发生变革，给高价取得矿权的砂石企业带来了沉重的打击，供需关系发生了根本性的转变，市场供应和需求的关系变得更为复杂。随着新的产能逐渐释放，物流航运指数持续下降，砂石的流通范围大幅度增加，市场上的竞争越发激烈。中国交建、中国中铁等大型国有企业和地方国有企业也开始进入砂石集料行业，行业竞争逐渐演变为先进产能之间的竞争。

（1）淘汰“低小散”，推进企业规模化发展

中国的砂石集料行业以其小规模和分散的布局为特点。中国砂石协会发布的《2022 年中国砂石行业运行报告》揭示了我国砂石矿山正朝着规模化的方向发展。2022 年新设的砂石矿权中，超大型和大型砂石矿权的比例有所增加，而中型和小型砂石矿权的比例则有所减少。具体数据显示，资源储量超过 1000 万 t 的超大型砂石矿权和资源储量在 500 万～ 1000 万 t 的大型砂石矿权的比例分别上升至 40.0% 和 16.7%，都比 2021 年有所增加。相对来说，资源储量在 100 万～ 500 万 t 的中型砂石矿权占比为 31.0%，资源储量在 100 万 t 以下的小型砂石矿权占比为 12.3%，这两类矿权的占比均比 2021 年有所下降。随着政府近年来陆续实施相关政策，推动砂石行业的健康和有序发展，预计未来集料行业将走向规模化、集约化和生产化的发展路径，从而不断提升行业的集中度。

（2）水泥企业纷纷入局，实现垂直一体化扩张

砂石集料业务如今已成为全球水泥行业巨头的必备组成部分。在中国，对于建筑和水泥企业而言，外延集料业务具备多重优势，有助于巩固其在市场中的竞争地位。首先，产业链的完整性使企业能够提供更全面、具吸引力的服务，尤其对商混客户而言，这意味着更稳固的合作关系与持久的客户忠诚度。其次，大型建筑和水泥企业通过引进科技创新，能够有效利用原本品质较低的石灰石矿山资源。这种技术升级使资源能够得到最大化的利用，实现废物再利用，降低了生产

成本，提升了市场竞争力。同时集料业务通常具有较高的盈利潜力，其毛利率往往高于主营水泥业务，因此在整体经济不景气的时期，集料业务成为企业的稳定利润来源，有助于增强企业的经济实力。此外，这些大型企业拥有较为优越的现金流，因此在经营集料业务时更能够灵活调整生产和销售策略，更好地适应市场的波动，争取更大的市场份额。砂石集料业务不仅是一个利润丰厚的领域，更是企业产业链延伸发展的关键环节。可以说，砂石业务已成为这些企业不可或缺的增长引擎，为企业实现更大规模的发展与突破提供了强大支持。

（3）产业绿色转型升级，推动行业高质量发展

在现代基础设施建设中，砂石集料和破碎设备的技术标准不断提升，必须依赖科技创新和技术引领，推动砂石及相关装备产业朝着绿色、低碳、高质量的方向发展。“十四五”规划期间，砂石产业将迎来高质量快速发展的阶段，但同时面临着产能过剩和市场需求下降等挑战，市场竞争激烈，影响企业的经济和环境效益。面对当前市场需求不振和产能过剩等问题，整个行业需要坚定信心，发挥规划的指导作用，利用协会资源，更新理念，加强市场调研和经验交流。

为了更好地促进绿色矿山的发展，国家将着力完善相关法律法规和制度政策，确保各项规定得以有效执行，从而推动绿色矿山的标准化和规范化发展（表 2.2）。绿色发展在我国已成为重要战略，也是生态文明建设不可或缺的重要内容。过去 20 年里，绿色矿山建设已经不再仅仅停留在探索试点阶段，而是逐步向全面推进迈进，并且取得了显著的成效。这种转变源于对环境可持续性的认识和对生态平衡的重视，也彰显了中国在可持续发展方面的迅速进步。同时，积极提升科技创新能力，不断引入先进技术，以提高资源利用效率、降低环境影响，并逐步实现绿色矿山建设的现代化。

表 2.2　砂石集料行业相关政策

| 发布时间 | 政策文件 | 政策内容 | 发布单位 |
|---|---|---|---|
| 2021 年 3 月 | 《自然资源部关于探索利用市场化方式推进矿山生态修复的意见》 | 合理利用废弃矿山土石料 | 自然资源部 |
| 2022 年 11 月 | 《砂石工业“十四五”发展实施方案》 | 高质量和产业链发展，全面推进绿色低碳发展 | 中国砂石协会 |

续表

| 发布时间 | 政策文件 | 政策内容 | 发布单位 |
| --- | --- | --- | --- |
| 2023 年 1 月 | 《自然资源部关于印发矿业权出让交易规则的通知》 | 要求海砂采矿权和海域使用权“两权合一”出让，明确全面推行实施电子化交易 | 自然资源部 |
| 2023 年 1 月 | 《水利部 交通运输部关于推行河道砂石采运管理单制度的通知》 | 依法开采的河道管理范围内砂石，其运输、过驳、装卸、堆存等，实行河道砂石采运管理单制度。2024 年年底前全面实行电子管理单 | 水利部、交通运输部 |
| 2023 年 2 月 | 《公路工程 水泥混凝土用机制砂》 | 在我国公路工程领域，水泥混凝土用机制砂正式有了新的行业标准 | 交通运输部 |
| 2023 年 3 月 | 《建设工程质量检测管理办法》 | 检测机构与所检测建设工程相关的建设以及建筑材料等单位不得有隶属关系或者其他利害关系 | 住房城乡建设部 |
| 2023 年 3 月 | 《自然资源部办公厅关于加强国土空间生态修复项目规范实施和监督管理的通知》 | 凡涉及剩余废弃土石料对外销售的，由县级人民政府组织纳入公共资源交易平台进行销售，不得由项目承担单位、施工单位或个人直接销售 | 自然资源部办公厅 |
| 2023 年 4 月 | 《自然资源部关于规范和完善砂石开采管理的通知》 | 维护良好的开采秩序，推进矿产资源绿色开发，科学规划发展布局，合理、有序投放采矿权，积极落实净矿出让等要求 | 自然资源部 |
| 2023 年 5 月 | 《水利部 公安部 交通运输部长江河道采砂管理合作机制 2023 年度工作要点》 | 加强行刑衔接和信息共享，严打非法采砂，推动有条件的地区退出水上过驳浮吊 | 水利部、公安部、交通运输部 |
| 2023 年 5 月 | 《自然资源部关于进一步完善矿产资源勘查开采登记管理的通知》 | 鼓励矿产资源综合勘查，其他矿产采矿权不允许变更或增列砂石类矿产 | 自然资源部 |
| 2023 年 5 月 | 《矿业权出让收益征收办法》 | 矿业权出让收益为中央和地方共享收入，由中央和地方按照 4 : 6 的比例分成 | 财政部、自然资源部、税务总局 |
| 2023 年 7 月 | 《产业结构调整指导目录（2023 年本，征求意见稿）》 | 鼓励年产 1000 万 t 及以上砂石项目用装备 | 发展改革委 |
| 2023 年 9 月 | 《中共中央办公厅 国务院办公厅关于进一步加强矿山安全生产工作的意见》 | 普通建筑用砂石露天矿山不得以山脊划界，统一开采规划、生产系统和安全管理 | 中共中央办公厅、国务院办公厅 |
| 2023 年 10 月 | 《矿业权出让收益市场基准价制定指南》 | 矿业权出让收益市场基准价结合矿业市场发展形势适时调整，原则上每三年更新一次 | 自然资源部办公厅 |

续表

| 发布时间 | 政策文件 | 政策内容 | 发布单位 |
| --- | --- | --- | --- |
| 2023 年 11 月 | 《关于进一步加强绿色矿山建设的通知（征求意见稿）》 | 到 2028 年年底，绿色矿山建设工作机制更加完善，持证在产的全部大型矿山、80% 中型矿山要达到绿色矿山标准要求 | 自然资源部 |
| 2023 年 11 月 | 《中华人民共和国海洋环境保护法》 | 禁止在严格保护岸线范围内开采海砂 | 十四届全国人大常委会 |

## 2.2.2 中国水泥行业发展现状

### 2.2.2.1 水泥行业运行现状

2023 年上半年，全球经济增长放缓，国内经济持续复苏，但仍面临市场需求不振的局面。在此背景下，中国水泥市场整体呈现出需求下降、库存增加、价格走低以及盈利能力下降的特点。全国水泥产量降至 2012 年以来的最低水平。尽管第一季度需求略有回升，但第二季度需求进一步减弱，旺季不旺，导致供需矛盾进一步加剧，水泥价格持续下跌并创下历史新低。尤其是在华东和中南等水泥消费量较大的地区，水泥价格跌幅较大，部分地区的水泥出厂价格甚至跌至成本线以下。

尽管上半年水泥价格下跌，但由于煤炭价格持续下降，且降幅大于水泥价格的降幅，水泥企业的成本压力有所缓解。然而，行业整体盈利水平仍然堪忧，预计下半年行业利润将同比大幅下降，降幅约为 60%。

从区域分布来看，2023 年上半年，华东地区的水泥产量最高，达到 3.28 亿 t，占全国产量的 34.4%；其次是西南地区，产量为 1.66 亿 t，占全国产量的 17.4%；华中地区的产量为 1.31 亿 t，占全国产量的 13.8%（表 2.3、图 2.3）。

表 2.3　中国地理区域划分标准

| 区域 | 所辖地区 | 地区数量 |
| --- | --- | --- |
| 华北 | 北京、天津、河北、山西、内蒙古 | 5 |
| 东北 | 辽宁、吉林、黑龙江 | 3 |
| 华东 | 上海、江苏、浙江、安徽、福建、江西、山东 | 7 |
| 华中 | 河南、湖北、湖南 | 3 |

续表

| 区域 | 所辖地区 | 地区数量 |
|---|---|---|
| 华南 | 广东、广西、海南 | 3 |
| 西南 | 重庆、四川、贵州、云南、西藏 | 5 |
| 西北 | 陕西、甘肃、青海、宁夏、新疆 | 5 |

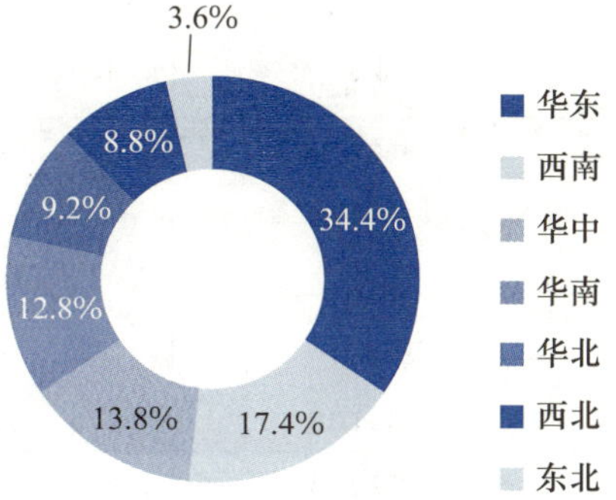


| 区域 | 产量（亿t） |
|---|---|
| 华东 | 3.28 |
| 西南 | 1.66 |
| 华中 | 1.31 |
| 华南 | 1.22 |
| 华北 | 0.88 |
| 西北 | 0.84 |
| 东北 | 0.34 |
| 合计 | 9.53 |

图 2.3　2023 年上半年中国水泥分区域产量

（资料来源：国家统计局）

分省份来看，2023 年上半年广东省水泥产量最多，产量为 6674.71 万 t，较 2022 年增长 0.38%；其次是江苏省，产量为 6586.39 万 t，2022 年增长 4.12%；山东省产量为 6311.89 万 t，较 2022 年下降 2.25%（表 2.4）。其中，福建省产量较 2022 年下降最大，为 19.46%，主要是受到需求端减弱的影响。

表 2.4　2023 年上半年中国分省份水泥产量

| 排名 | 地区 | 累计产量（万 t） | 增长率（%） |
|---|---|---|---|
| 1 | 广东 | 6674.71 | 0.38 |
| 2 | 江苏 | 6586.39 | 4.12 |
| 3 | 山东 | 6311.89 | −2.25 |
| 4 | 安徽 | 6190.60 | −3.84 |
| 5 | 浙江 | 5975.76 | 0.20 |
| 6 | 四川 | 5927.72 | −8.36 |
| 7 | 河北 | 4873.42 | 6.06 |

续表

| 排名 | 地区 | 累计产量（万 t） | 增长率（%） |
|---|---|---|---|
| 8 | 河南 | 4803.43 | -15.97 |
| 9 | 广西 | 4775.73 | 1.71 |
| 10 | 云南 | 4741.22 | 3.25 |
| 11 | 湖南 | 4646.93 | -12.75 |
| 12 | 福建 | 3786.36 | -19.46 |
| 13 | 江西 | 3774.20 | -3.78 |
| 14 | 湖南 | 3602.28 | -14.17 |
| 15 | 陕西 | 3093.68 | 2.4 |
| 16 | 贵州 | 2713.16 | -14.58 |
| 17 | 重庆 | 2688.66 | 3.46 |
| 18 | 新疆 | 2131.10 | 12.35 |
| 19 | 山西 | 2089.84 | -3.11 |
| 20 | 甘肃 | 1893.68 | 1.56 |

2023 年上半年，国内水泥市场需求总体呈现疲软态势，水泥价格持续走低，而且在传统的销售旺季也未能回升，创下了新低，呈现出产量和价格双降的局面。与此同时，停窑周期较长，导致单位成本上升，使全国水泥行业的整体效益大幅下滑，盈利水平低迷。

水泥行业的上市公司亏损的情况也有所扩大。16 家水泥上市公司半年报业绩中，5 家公司盈利，11 家公司亏损，而去年同期亏损的公司只有 3 家。在盈利的公司中，塔牌集团是唯一一家净利润实现同比增长的公司，增长幅度为 178%；另外有四家公司的净利润同比下降幅度达到 19% ～ 60%。

2.2.2.2　水泥行业发展困境及趋势

（1）供应过剩，需求不振

2023 年上半年，全国水泥产量降至 2012 年以来的最低水平。尤其是 4 月和 5 月未见传统旺季增长，而 6 月受梅雨季节影响，需求持续减少。房地产市场低迷影响了水泥需求，部分地区水泥价格甚至低于生产成本。尽管全国基础设施投资保持较高增长水平，特别是铁路运输、道路运输和水利管理领域的投资增加，但中国水泥市场整体表现出需求减弱、库存增加、价格下降、盈利能力降低的状态。

同时水泥市场的库存维持在较高水平，平均库存约为 70%，略高于 2022 年同期，较 2021 年增加约 13 个百分点。除了 2023 年 3 月库存相对较低外，其他月份均超过 68%，有 4 个月甚至超过 70%。特别是第二季度，水泥月度库存持续上升，6 月最高达到 76.3%。尽管多地区采取了错峰生产，但需求疲软和梅雨季节的影响使库存消化困难。水泥需求的回升关键取决于房地产市场稳定。然而，房地产开工连年下降的趋势需要时间逆转，短期内地产端水泥需求仍难以完全改善。预计下半年水泥需求将保持稳定，整体呈现稳中有降的态势。

（2）价格持续走低，出口恢复性增长

2023 年上半年，中国水泥市场呈现持续下跌的趋势，价格整体走低。具体来看，P·O42.5 散装水泥市场平均价格为 421 元 /t，较 2022 年同期下降了 16%。第二季度平均价格跌至 413 元 /t，同比下降了近 70 元 /t，降幅约为 14%，环比下降了 4%。到 6 月，平均价格更跌破了 400 元 /t，达到 393 元 /t，创下自 2018 年以来的月度价格最低记录。主要是由于水泥库存持续高位运行，市场压力大所致。全国水泥需求大幅下降，水泥和熟料价格持续低迷，导致进口熟料价格优势消失，利润空间缩小。同时，汇率波动使进口成本增加，海外熟料进口量大幅下降，甚至出现水泥进口量大于熟料的情况。上半年，海外水泥熟料进口总量约为 43 万 t，同比下降了约 94.2%；水泥进口总量约为 56 万 t，同比下降约 70%，特别是在第二季度的 5 月和 6 月，熟料几乎没有进口量。与此同时，中国水泥出口量出现了较大幅度的回升，2023 年上半年出口总量为 151 万 t，同比增长了 1.1 倍。虽然扭转了持续下降趋势，但仍然低于 2019 年同期水平。

（3）推动绿色低碳发展助力实现碳达峰

水泥产业碳排放占全国总量的 13%，是实现中国“双碳”目标需要重点关注的行业，也是欧盟碳边境调节机制（CBAM）首批纳入的六个行业之一。2023 年 10 月，自然资源保护协会、中国建材机械工业协会、天津市硅酸盐学会以及中建研科技股份有限公司联合发布了三份研究报告，指出水泥行业的减碳工作需要从两个方面推进：一是从生产端进行改进和创新，包括推广低碳生产技术和材料替代等措施；二是从消费端推动使用低碳水泥产品，通过政策激励、行业引导和市场需求等手段促进转型。

### 2.2.3 中国乳胶粉行业发展现状

2.2.3.1 乳胶粉行业发展现状

乳胶粉是以乳液为基料经加工制备而成的粉状物质，是建筑材料领域的重要组成部分。乳胶粉作为第二类胶凝材料，能够加强水泥体系的性能，提高体系的内聚力、密实度并减少裂缝的产生。乳胶粉广泛应用于墙面涂料、陶瓷砖粘结、粉刷石膏、预拌干混砂浆等领域，提供优异黏合性和装饰性能，这对于提高砂浆性能至关重要。自 2000 年以来，国家对建筑节能的要求逐渐提高，推动建筑保温系统迅速发展。在此背景下，特种砂浆市场崭露头角，可再分散乳胶粉作为其重要组成部分开始引领行业快速发展。国内企业的不断投入生产和技术水平提升，使国产可再分散乳胶粉逐渐在市场上占据一席之地。

可再分散乳胶粉作为特种干粉砂浆的重要成分，对于中国市场具有重要意义。从曾经的小众产品逐渐转变为市场主流，2022 年全球可再分散乳胶粉市场规模达到 131.69 万 t，中国可再分散乳胶粉市场产量规模达到 17.2 万 t，呈现较稳定的增长态势，2023 年中国可再分散乳胶粉市场产量规模预计达到 18.1 万 t（图 2.4）。

图 2.4 2015—2023 年中国可再分散乳胶粉产量情况

就参与市场的企业而言，我国的可再分散乳胶粉市场一直以来被国外品牌主导，全球产地主要集中在泰国、马来西亚和印度尼西亚等东南亚地区，占据世界产量的 90%。中国的可再分散乳胶粉产地比较分散，主要集中在山东、河北等省份。

国内企业虽然自2008年开始涉足可再分散乳胶粉的生产，但受限于技术、设备投资和市场推广等多种因素，一直处于单体产能有限、产品品牌较少、整体市场份额较低的状态，通常以降低价格作为吸引客户的主要手段。

随着国内企业引进先进的可再分散乳胶粉生产技术并加深对工艺的理解，国产可再分散乳胶粉的品质明显提高，这使国内产品在品质方面具有了更强的竞争力。同时，国外企业也不断推出适用于国内市场的产品系列，以抵御国产乳胶粉的竞争，这在无形中拉低了进口品牌的市场价格。

此外，由于陶瓷砖胶特别是高端陶瓷砖胶的需求不断增加，胶粉需求也持续增长。外企与国内上市公司都在官宣加大投资，扩大乳胶粉及胶粉上游乳液的产能。然而，随着这些投资的效果逐渐显现，未来一段时间内可能会出现乳胶粉供大于求的情况。

#### 2.2.3.2 制约我国乳胶粉行业发展的因素

（1）下游市场监管力度趋严，需求受到的影响明显

乳胶粉行业的发展受到多方面因素的制约。其中下游市场环保法规对废物处理、排放限制和产品质量提出了更高要求，企业需符合严格的环保标准，这意味着需要投入更多资源用于环保设施和技术改进，增加了生产成本。其次，市场需求的不确定性和变化使得企业需不断调整产品结构、提升品质以迎合消费者需求，市场竞争激烈，价格压力较大。此外，技术创新对产业的影响亦不可忽视，新技术的涌现可能改变生产方式，要求企业持续投入研发以保持竞争力。

这些因素相互作用，使乳胶粉企业在发展中面临诸多挑战。企业需要在符合法规的同时，保持产品的竞争力和品质，不断提升生产效率和技术水平，以适应市场需求的变化。然而，这些挑战意味着更高的运营成本和风险，限制了乳胶粉行业的进一步发展。因此，要在这种复杂的环境下取得突破，需要企业持续创新、灵活应对市场变化，同时与环保法规保持一致，方能迈向更稳健和可持续的发展道路。

（2）技术层发力缓慢，企业低价保持竞争力

相对于产品质量，部分国内企业更加注重价格竞争，采用低价低利润的策略来占领市场份额。其在技术升级和产品研发方面投入较少，导致在市场上缺乏长期竞争力，也缺乏继续投资的动力。这种情况也限制了有实力的企业进入可再分散乳胶粉行业，从而形成了一种恶性循环。

目前，中国已全面实施建筑节能政策，并且作为陶瓷砖生产和消费的全球第一大国，为特种砂浆行业的发展提供了极为有利的条件，同时也有望推动乳胶粉产品的迅速发展。然而，由于部分国内企业过于关注短期利润，缺乏对产品品质提升的承诺，导致了发展乏力的局面。国内品牌的竞争力一直处于弱势地位，而国外品牌则通过推出新产品系列和降低价格来维持市场竞争力，这迫使国内品牌只能不断牺牲利润来维持竞争，导致其竞争力相对较弱。

### 2.2.4 中国纤维素醚行业发展现状

2.2.4.1 纤维素醚行业发展现状

纤维素醚是通过化学改性天然植物纤维素制得的一类高分子化合物，具有一定的溶解性和热塑性。纤维素醚使用量虽少，但可明显改善产品性能，对环境影响很小，在多个领域都有广泛应用，因此纤维素醚有“工业味精之称”。纤维素醚的种类多样，按照取代基种类、电离性、溶解性的不同，可分为单一醚、混合醚、离子型、非离子型、混合型、水溶性和非水溶性产品等。

纤维素醚是建筑干粉砂浆中不可缺少的聚合物，主要作用是提供保水能力和施工性，其使用为干混砂浆实现商品化提供了可能性。在干粉砂浆中使用的纤维素醚主要是甲基类纤维素醚，如甲基羟乙基纤维素醚和甲基羟丙基纤维素醚。

中国是全球最大的纤维素醚生产和消费国，产量年均增长超过 20%。中国现有纤维素醚生产企业达 50 家左右，主要分布在山东、河北、重庆、江苏、浙江等地。对纤维素醚需求量较大的区域为华东、华南等经济较发达、头部企业集中的地区，根据统计数据，2022 年中国纤维素醚的产能为 84.1 万 t/ 年，产量为 58.5 万 t/ 年，产能利用率为 70%。

2.2.4.2 纤维素醚行业发展趋势

我国纤维素醚行业从无到有，经过十多年的努力，中国纤维素醚行业已经取得了显著的成就，产业规模不断扩大，竞争力日益增强，在建材级产品市场形成了巨大的产业规模和本土化优势，基本实现了进口替代。

中国纤维素醚行业在过去十年中取得了显著的发展，预计到 2024 年，中国纤维素醚的产能将增长至 95 万 t/ 年，产能利用率为 75%。未来也有望继续保持增长态势。然而，随着市场的不断变化和竞争的加剧，中国纤维素醚行业也需要不断创新和提高自身的竞争力，以适应市场的需求和变化。

（1）政策利好不断释放，下游需求稳中有升

纤维素醚下游需求受基建和房地产等行业发展状况的影响具有一定波动性，但周期性特征并不明显。在当前宏观经济增长背景下，预计建材领域对纤维素醚的需求将保持稳定。随着“认房不认贷”政策的实施，房地产行业进入调整期，住房城乡建设部禁止使用水泥砂浆粘贴陶瓷砖的政策也将促使陶瓷砖胶等高强度、不脱落的胶粘剂料逐步取代水泥砂浆，这为建材级纤维素醚的发展带来了政策红利。

（2）持续提升技术水平，切实保障质量稳定性

提升产品应用技术层次：纤维素醚制造工艺日趋完善，较高的技术应用水平有助于企业增强整体竞争力，建立稳固的客户关系。如今，发达国家纤维素醚生产企业已从产品竞争转向应用技术领域的竞争。相较于发达国家，我国纤维素醚厂商在应用技术领域的研究相对不足，缺乏针对下游客户具体需求而生产的个性化产品，导致产品的使用效果不尽如人意，难以充分满足客户的需求，削弱了产品的附加值和市场竞争力，不利于市场推广与应用。因此，加大纤维素醚应用技术的研发投入，提升技术应用水平，将成为国内纤维素醚厂商未来发展的关键。

确保产品质量的稳定性：纤维素醚在下游企业生产成本中占比较小，但对产品质量的影响不容忽视。高端客户群体在选用某一品牌或型号的纤维素醚前，会首先进行配方试验，稳定的配方一旦形成，其就不会轻易更换其他品牌的产品，同时会对纤维素醚的质量稳定性提出更为严格的要求。这一现象在国内外大型建材生产企业、药用辅料、食品添加剂、PVC（聚氯乙烯）等高端领域尤为显著。为了提升产品的竞争力，生产企业必须保证供应的不同批次纤维素醚能够保持质量的稳定性，从而树立良好的市场声誉。

（3）外贸活力充分，出口规模持续扩大

近年来，我国纤维素醚的出口均价基本保持稳定，2017 年平均出口价格为 3751 美元 /t，2018 年突破 4000 美元 /t。2019 年和 2020 年，出口均价回落至 3600 美元 /t。受新冠病毒感染疫情影响，海外企业开工率降低，原材料价格上涨，2021 年和 2022 年出口价格上升，2022 年更是突破 4500 美元 /t，创历史新高。到了 2023 年 3 月，均价为 4116 美元 /t，而 1 月、2 月、4 月的均价都

在 4000 美元 /t 以下。

从整体的进出口贸易情况来看，我国纤维素醚的进口规模近年来保持相对稳定，出口规模不断扩大。根据海关数据，2017 年我国初级形状的纤维素醚出口量为 44046t，年增长速度保持在 20% 左右。到了 2021 年，出口量增至 87755t。2022 年出口量较 2021 年大幅增加 44.7%，达到 126984t。

总体来说，近年来我国纤维素醚行业快速发展，出口规模不断扩大，尽管受到新冠病毒感染疫情和原材料价格上涨的影响，出口价格有所上升，但我国纤维素醚在国际市场的竞争力依然显著。

未来，企业应加大技术改造和技术创新的投入力度，以适应行业发展方向和市场需求变化。企业可以争取纳入国家技改项目目录，申请技改贴息贷款、税收优惠等财政扶持政策，以技改提升工艺质量，为客户创造价值。企业应针对客户需求的技术指标开展技改，通过提升工艺流程控制质量，使产品更好地满足客户需求，为客户创造经济效益，从而开拓市场份额、提升客户黏性，并降低企业技术升级成本。同时，企业还应积极申报省、国家专精特新企业、细分领域冠军企业、省、国家绿色工厂企业等，提高自身的影响力，促进企业在碳排放竞争市场的可持续发展。

2.2.4.3 影响我国纤维素醚发展的不利因素

（1）产业化层次较低，缺少龙头企业

国内纤维素醚企业的产能相对较小，许多小型企业的年生产能力不超过 2000t，且生产技术落后，生产装置简陋，环保措施不完善，导致环境污染问题较为严重。这些企业的产品主要定位在中低端市场。在产品结构方面，多数企业集中生产对质量要求较低的建材级产品，品种单一，市场竞争激烈。相较于发达国家，我国纤维素醚行业的整体竞争力仍需进一步提升。

（2）原材料价格大幅波动，企业缺失风险意识

纤维素醚主要原材料中的精制棉属于农产品，易受自然环境变化影响，导致产量不稳定，价格出现波动，给下游行业的成本控制带来难度。另外，环氧丙烷、氯甲烷等石化产品也是纤维素醚的重要生产原料，价格受原油市场波动的影响较大，国际政治局势的变化也经常对原油价格造成冲击，给纤维素醚生产企业带来不利影响。受俄乌冲突和全球通胀影响，纤维素醚行业出口受阻，经济指标低于

预期，发展面临诸多困难与不确定性。面对短绒价格上涨而产品价格难以提高的局面，精制棉企业普遍处于亏损状态。为确保企业持续健康运行，企业一致同意在现有价格基础上适度提价，并根据市场变化灵活调整。同时建议采取合理采购短绒、分批次采购等措施，不盲目囤积库存，以平抑市场价格波动，保证下游产业平稳运行。当前，精制棉企业需理性看待形势，坚持成本定价原则，采取适当调价、合理采购等措施，确保企业自身和下游产业的平稳发展。

## 2.3 中国陶瓷砖胶粘剂下游需求市场现状

### 2.3.1 中国房地产市场发展情况

#### 2.3.1.1 房地产开发投资完成情况

根据国家统计局发布的数据，2023 年 1—9 月我国房地产开发投资额为 87269 亿元，同比下降 9.1%。其中住宅投资额 66279 亿元，下降 8.4%。房地产开发企业房屋施工面积 815688 万 $m^2$，同比下降 7.1%。其中住宅施工面积 574250 万 $m^2$，下降 7.4%。房屋新开工面积 72123 万 $m^2$，同比下降 23.4%。其中住宅新开工面积 52512 万 $m^2$，下降 23.9%。房屋竣工面积 48705 万 $m^2$，同比增长 19.8%。其中住宅竣工面积 35319 万 $m^2$，同比增长 20.1%（表 2.5）。

表 2.5　2023 年 1—9 月房地产开发和销售主要指标及其增长速度

| 指标 | 单位 | 绝对数 | 比上年增长（%） |
|---|---|---|---|
| 投资额 | 亿元 | 87269 | −9.1 |
| 其中：住宅 | 亿元 | 66279 | −8.4 |
| 房屋施工面积 | 万 $m^2$ | 815688 | −7.1 |
| 其中：住宅 | 万 $m^2$ | 574250 | −7.4 |
| 房屋新开工面积 | 万 $m^2$ | 72123 | −23.4 |
| 其中：住宅 | 万 $m^2$ | 52512 | −23.9 |
| 房屋竣工面积 | 万 $m^2$ | 48705 | 19.8 |
| 其中：住宅 | 万 $m^2$ | 35319 | 20.1 |

续表

| 指标 | 单位 | 绝对数 | 比上年增长（%） |
|---|---|---|---|
| 商品房销售面积 | 万 $m^2$ | 84806 | -7.5 |
| 其中：住宅 | 万 $m^2$ | 72770 | -6.3 |
| 本年到位资金 | 亿元 | 98067 | -13.5 |
| 其中：国内贷款 | 亿元 | 12100 | -11.1 |
| 个人按揭贷款 | 亿元 | 17028 | -6.9 |

数据来源：国家统计局。

分月度来看，2023 年 1—9 月，房地产开发投资额为 87269 亿元，同比下降 9.1%，较 1—8 月增长 0.3 个百分点，其中，住宅投资 66279 亿元，下降 8.4%，降幅较 1—8 月增长 0.4 个百分点。9 月房地产开发投资额为 10369 亿元，同比下降 18.7%，跌幅较 1—8 月扩大 7.7 个百分点，环比上涨 12.9%（表 2.6、图 2.5）。

表 2.6　2023 年中国房地产分月度开发投资额　　亿元

| 指标 | 1—2 月 | 3 月 | 4 月 | 5 月 | 6 月 | 7 月 | 8 月 | 9 月 |
|---|---|---|---|---|---|---|---|---|
| 房地产开发投资额 | 13669 | 12305 | 9540 | 10187 | 12849 | 9167 | 9183 | 10369 |

数据来源：国家统计局。

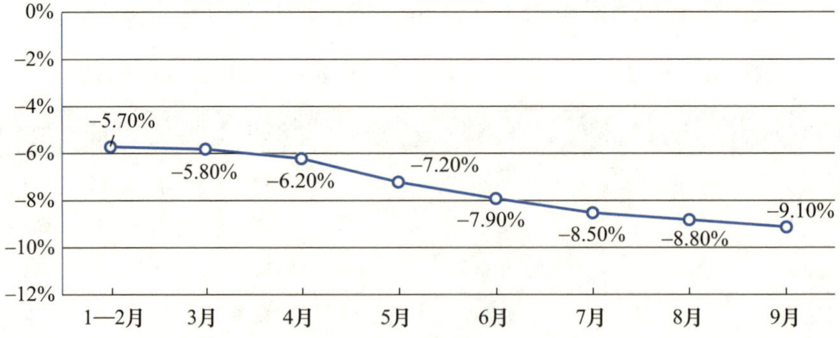


图 2.5　2023 年 1-9 月中国房地产开发投资累计增速

（资料来源：国家统计局）

分省份来看，在投资金额方面，2023 年 1—9 月广东、浙江、江苏房地产开发投资金额居前三，投资额均在 8000 亿元以上。其中，广东投资 9059.86 亿元居首，浙江、江苏投资分别为 8759.03 亿元、8529.82 亿元，位列第二、第三名。从累计同比增速来看，1—8 月有 6 个省市房地产开发投资同比增长，其中上海增幅最大，同比增 29.8%；其他 25 个省市同比呈负增长，其中贵州降幅最大，同比降 49.8%（表 2.7）。

表 2.7　2023 年 1—9 月中国房地产分省份开发投资额及增速

| 省份 | 投资额（亿元） | 投资增速（%） |
|---|---|---|
| 广东 | 10283.91 | -8.4 |
| 浙江 | 10071.27 | 1.7 |
| 江苏 | 9527.02 | -3.4 |
| 山东 | 6596.62 | -7.4 |
| 湖北 | 4333.18 | -2.6 |
| 四川 | 4181.06 | -21.3 |
| 上海 | 4092.04 | 25.3 |
| 安徽 | 3804.59 | -15.3 |
| 福建 | 3542.32 | -12.3 |
| 北京 | 3463.75 | 2.6 |
| 河南 | 3336.07 | -9.1 |
| 湖南 | 2847.66 | -11.5 |
| 陕西 | 2769.37 | -14.7 |
| 河北 | 2283.82 | -13.4 |
| 重庆 | 2239.95 | -15.7 |
| 云南 | 1587.3 | -35 |
| 辽宁 | 1421.94 | -28.2 |
| 山西 | 1392.73 | 0 |
| 江西 | 1357.63 | -4.5 |
| 广西 | 1033.48 | -33.2 |
| 甘肃 | 1008.04 | -14.3 |

续表

| 省份 | 投资额（亿元） | 投资增速（%） |
|---|---|---|
| 新疆 | 976.52 | -5.2 |
| 天津 | 928.03 | -48.5 |
| 贵州 | 913.95 | -16.5 |
| 海南 | 863.61 | 4.2 |
| 内蒙古 | 799.29 | -2.4 |
| 吉林 | 663.46 | -24.6 |
| 黑龙江 | 352.68 | -28.1 |
| 宁夏 | 351 | 2.8 |
| 青海 | 179.82 | -36 |
| 西藏 | 67.08 | 42.1 |

数据来源：国家统计局。

2023 年 1—9 月，全国政府性基金预算收入 38683 亿元，同比下降 15.7%。分中央和地方看，中央政府性基金预算收入 3048 亿元，同比下降 7.9%；地方政府性基金预算本级收入 35635 亿元，同比下降 16.3%，其中，国有土地使用权出让收入 30875 亿元，同比下降 19.8%。

2.3.1.2　商品房销售和待售情况

2023 年 1—9 月，商品房销售面积 84806 万 $m^2$，同比下降 7.5%，其中住宅销售面积下降 6.3%。商品房销售额 89070 亿元，同比下降 4.6%，其中住宅销售额下降 3.2%。9 月末，商品房待售面积 64537 万 $m^2$，同比增长 18.3%。其中，住宅待售面积增长 19.7%。2023 年 1—9 月分月度商品房销售面积见表 2.8。2023 年 1—9 月中国商品房销售面积累计增速如图 2.6 所示。

分地区来看，东部地区商品房销售面积 38822 万 $m^2$，同比下降 5.2%。中部地区商品房销售面积 21850 万 $m^2$，同比下降 11.0%。西部地区商品房销售面积 21107 万 $m^2$，同比下降 8.7%。东北地区商品房销售面积 3027 万 $m^2$，同比下降 2.4%。

截至 2023 年 9 月，商品房待售面积 64537 万 $m^2$，比 8 月末减少 258 万 $m^2$。其中，住宅待售面积减少 180 万 $m^2$，办公楼待售面积减少 6 万 $m^2$，商业营业用房待售面积减少 39 万 $m^2$。

表 2.8 2023 年 1—9 月分月度商品房销售面积 万 $m^2$

| 指标 | 1—2 月 | 3 月 | 4 月 | 5 月 | 6 月 | 7 月 | 8 月 | 9 月 |
|---|---|---|---|---|---|---|---|---|
| 商品房销售面积 | 15133 | 14813 | 7690 | 8804 | 13075 | 7048 | 7386 | 10857 |

数据来源：国家统计局。

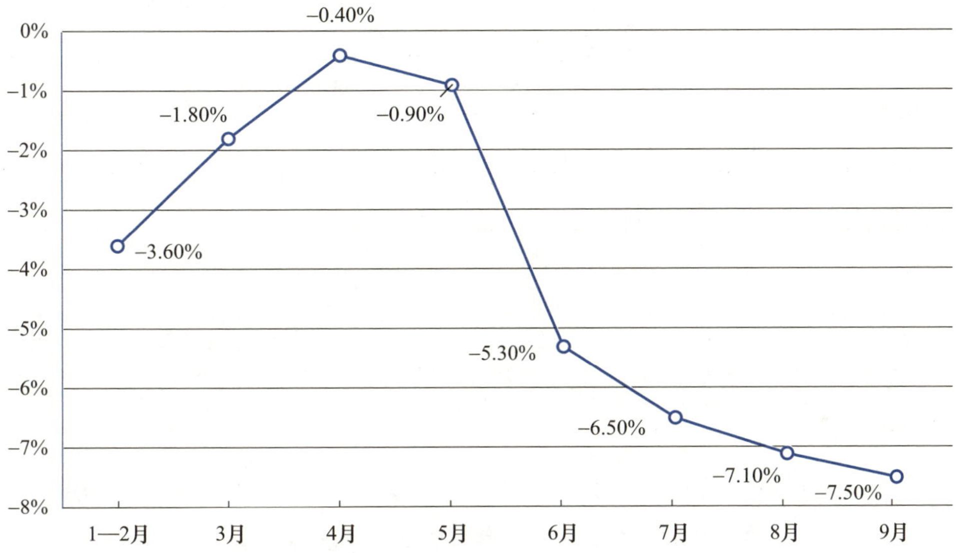


图 2.6 2023 年 1—9 月中国商品房销售面积累计增速

（资料来源：国家统计局）

2023 年 1—9 月，商品房销售额 89070 亿元，同比下降 4.6%。其中，住宅销售额 79311 亿元，同比下降 3.2%，办公楼销售额 2640 亿元，同比下降 16.1%，商业营业用房销售额 4786 亿元，同比下降 14.6%。2023 年 1—9 月分月度中国商品房销售额见表 2.9。2023 年 1—9 月中国商品房销售额累计增速如图 2.6 所示。

分地区来看，东部地区商品房销售额 54953 亿元，同比下降 3.0%。中部地区商品房销售额 16106 亿元，同比下降 9.2%。西部地区商品房销售额 15858

亿元，同比下降 4.4%。东北地区商品房销售额 2154 亿元，同比下降 8.5%。

表 2.9　2023 年 1—9 月分月度中国商品房销售额　　　　亿元

| 指标 | 1—2 月 | 3 月 | 4 月 | 5 月 | 6 月 | 7 月 | 8 月 | 9 月 |
|---|---|---|---|---|---|---|---|---|
| 商品房销售额 | 15449 | 15096 | 9205 | 10037 | 13305 | 7358 | 7708 | 10912 |

数据来源：国家统计局。

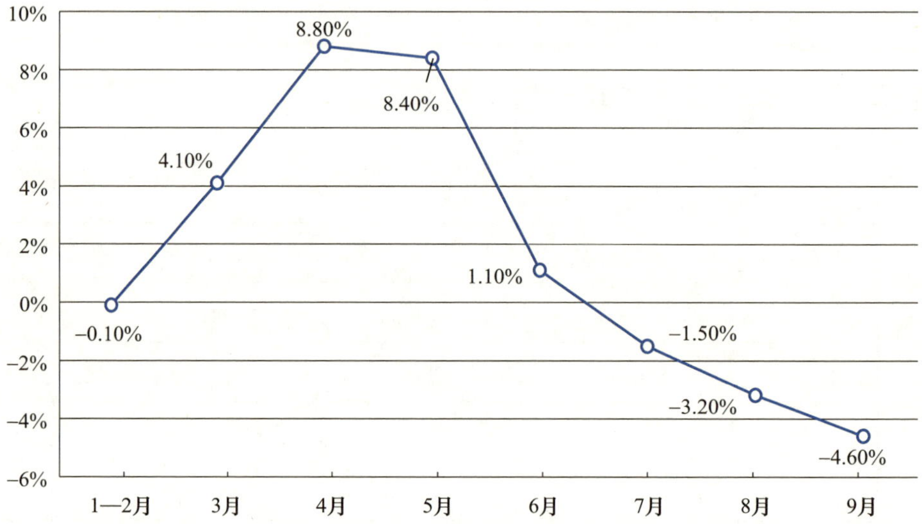


图 2.7　2023 年 1—9 月中国商品房销售额累计增速

（资料来源：国家统计局）

2.3.1.3　房地产开发企业到位资金情况

2023 年 1—9 月，房地产开发企业到位资金 98067 亿元，同比下降 13.5%。其中，国内贷款 12100 亿元，下降 11.1%；利用外资 36 亿元，下降 40.0%；自筹资金 31252 亿元，下降 21.8%；定金及预收款 33631 亿元，下降 9.6%；个人按揭贷款 17028 亿元，下降 6.9%。2023 年 1—9 月中国房地产开发企业本年到位资金增速如图 2.8 所示。2023 年 1—9 月中国房地产分月度数据见表 2.10。

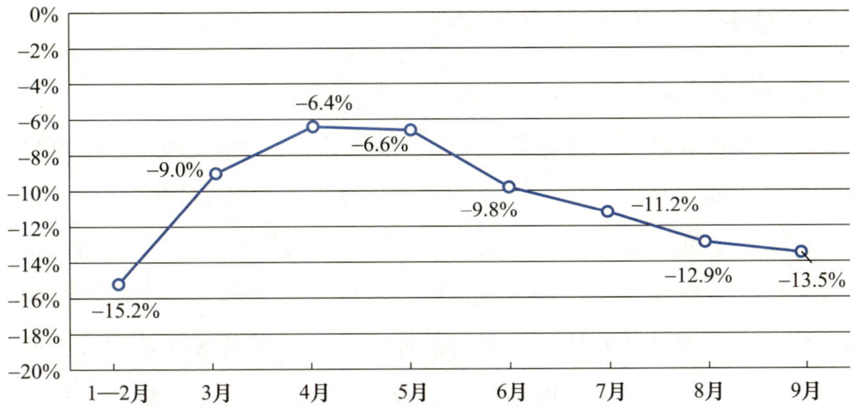


图 2.8　2023 年 1—9 月中国房地产开发企业本年到位资金增速

（资料来源：国家统计局）

表 2.10　2023 年 1—9 月中国房地产分月度数据

| 指标 | 1—2 月 | 3 月 | 4 月 | 5 月 | 6 月 | 7 月 | 8 月 | 9 月 |
|---|---|---|---|---|---|---|---|---|
| 房地产投资（亿元） | 13669 | 12305 | 9540 | 10187 | 12849 | 9167 | 9183 | 10369 |
| 房地产住宅投资（亿元） | 10273 | 9494 | 7305 | 7737 | 9630 | 7046 | 6940 | 7854 |
| 房地产新开工面积（万 $m^2$） | 13567 | 10554 | 7099 | 8503 | 10157 | 7089 | 6922 | 8232 |
| 商品住宅施工面积（万 $m^2$） | 527695 | 10519 | 4754 | 5507 | 8608 | 5943 | 4766 | 9273 |
| 房地产竣工面积（万 $m^2$） | 13178 | 6244 | 4256 | 4148 | 6078 | 4501 | 5321 | 4979 |
| 商品住宅竣工面积（万 $m^2$） | 9782 | 4614 | 3000 | 2798 | 4410 | 3350 | 3821 | 3544 |
| 商品房销售面积（万 $m^2$） | 15133 | 14813 | 7690 | 8804 | 13075 | 7048 | 7386 | 10857 |
| 商品住宅销售面积（万 $m^2$） | 13387 | 12864 | 6715 | 7697 | 10929 | 6031 | 6188 | 8959 |
| 商品房销售额（亿元） | 15449 | 15096 | 9205 | 10037 | 13305 | 7358 | 7708 | 10912 |
| 商品住宅销售额（亿元） | 14134 | 13513 | 8373 | 9112 | 11507 | 6545 | 6734 | 9393 |

数据来源：国家统计局。

## 2.3.2 中国建筑装饰行业发展情况

2.3.2.1 中国建筑装饰行业运行现状

在中国，建筑装饰行业是建筑领域不可或缺的重要组成部分，是将科技与工艺相融合，具有高度技术含量与深厚的艺术内涵，根据建筑用途分为公共建筑装饰、住宅装饰和建筑幕墙三大细分领域。公共建筑装饰包括办公楼、商场、旅游、科研教育文化医疗设施、通信和交通运输设施的装修工程。住宅装饰则服务于精装修和家庭装修，满足不同住宅类型的装修需求。建筑幕墙则是现代城市高层建筑的一种常见轻质外墙，由支撑结构和面板组成，具备一定位移和变形能力，不负责主体结构的承重。

随着中国经济迅速增长和建筑业蓬勃发展，建筑装饰行业展现出巨大的发展潜力，行业规模始终保持着正增长态势，2022 年全年行业总产值达到 6.03 万亿元，同比增长 4.3%（图 2.9）。

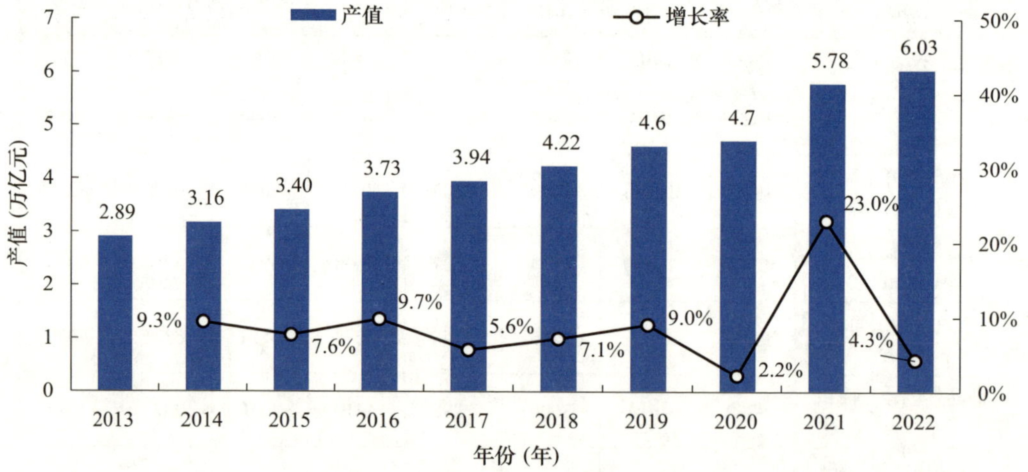


图 2.9 2013—2022 年中国建筑装饰行业完成工程产值及增长情况

（资料来源：中国建筑装饰协会）

2022 年，我国公共建筑装修装饰行业全年完成工程总产值 2.96 万亿元，较 2020 年同比增长 1.0%，增速较 2020 年下降 19.1 个百分点（图 2.10）。2022 年，我国住宅装修装饰全年完成工程总产值 3.04 万亿元，较 2020 年同比增长 6.7%，增速较上年下降 19.4 个百分点（图 2.11）。

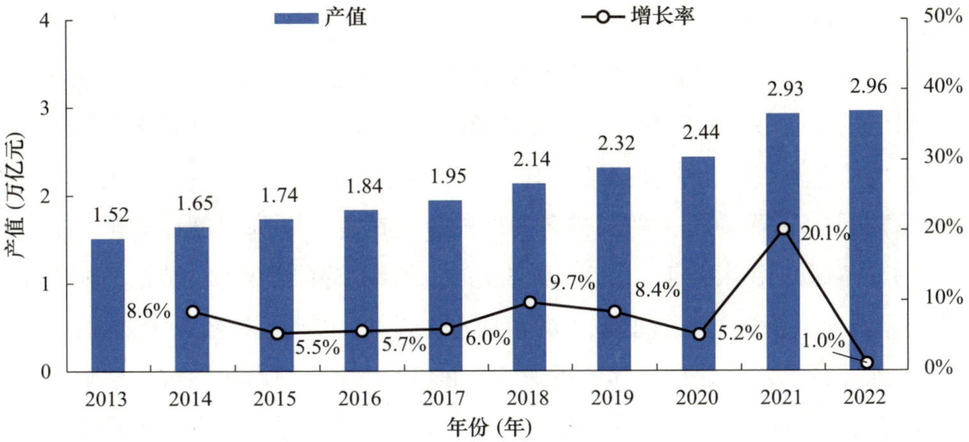


图 2.10　2013—2022 年中国公共建筑装修装饰行业产值及增长情况

（资料来源：中国建筑装饰协会）

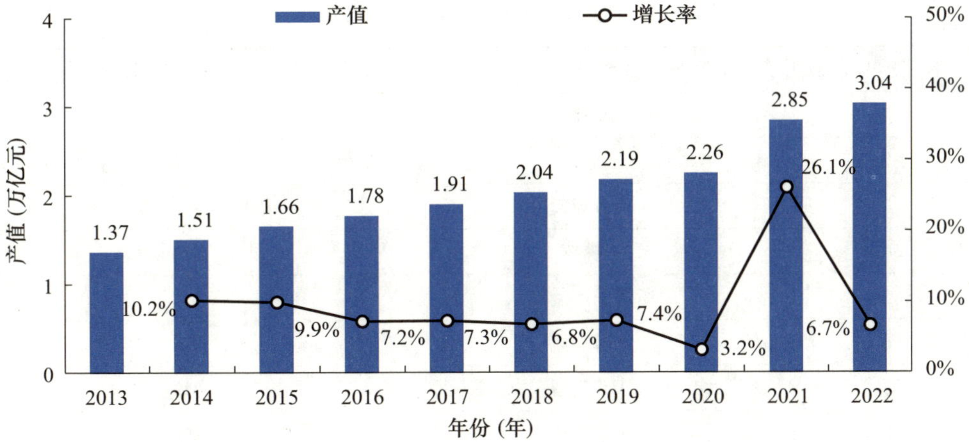


图 2.11　2013—2022 年中国住宅建筑装饰产值及增长情况

（资料来源：中国建筑装饰协会）

#### 2.3.2.2 中国建筑装饰行业发展趋势

（1）行业发展日趋成熟，集中度进一步加强

随着公共建筑和住宅装饰市场规模的持续增长，我国建筑装饰市场保持着稳定的增长趋势。与此同时，住宅装饰市场中资质较差的小企业逐步退出，国家陆续推出了相关的政策规范市场，消费者的消费观念也日趋成熟，这些因素共同推动中国建筑装饰市场的良性发展，使市场的发展路径和目标不断趋于完善。

房地产企业市场集中度持续上升，2023 年前三季度，前 10 家房地产企业的销售总额同比下降 7.4%，随之排名降低的企业销售额下降幅度逐渐扩大，但权益比例整体保持相对稳定。前 30 家房企的销售额下降幅度相对销售面积下降幅度较小，显示龙头房企在核心城市的销售占比提升，推动了销售均价的大幅增长。尽管受到部分民营企业债务违约的影响，前 30 家房企的市场地位仍然显著，国资控股企业在市场份额上有所提升，这将有利于高质量装修企业的业绩增长。部分优质房企在精装修方面占据优势，同时，在市场竞争中，由于装饰行业服务差异化较低，市场规模大，龙头房企具有更强的议价能力，施工组织、进度控制、品牌影响力和口碑优势使头部装饰企业在市场竞争中脱颖而出，逆势实现增长。

2022 年外墙装饰工程类首选率情况见表 2.11。

表 2.11　2022 年外墙装饰工程类首选率情况

| 排序 | 品牌名称 | 品牌首选率 |
|---|---|---|
| 1 | 七彩建设 | 13% |
| 2 | 三原色 | 10% |
| 3 | 泰恒建设 | 8% |
| 4 | 三棵树 | 7% |
| 5 | 浙江乐邦装饰 | 6% |
| 6 | 重庆索能 | 4% |
| 7 | 江苏宏厦 | 3% |
| 8 | 江苏沃德 | 3% |
| 9 | 永联达 | 2% |
| 10 | 中冶欧基得 | 1% |

数据来源：中房网。

随着行业发展和房地产行业集中度提高，未来建筑装饰行业整合力度将进一步加强。这是行业企业实现跨越发展、整合资源、全球化的必然路径，也是行业从成长阶段向成熟阶段转变的趋势。在市场化和产业化水平提高的背景下，排名靠前、资产规模大、管理水平高的企业可以利用资本市场力量，通过重组并购或联合方式扩大规模，形成设计、生产、施工一体化的专业集团，占据竞争的有利地位，而一些中小企业可能面临被市场淘汰的压力。

（2）新型城镇化进程加快，助力绿色建材行业升级

新型城镇化的发展核心着眼于智能化、绿色化和低碳化。绿色建筑有望成为市场焦点，未来绿色建筑装饰将成为行业门槛和市场需求的重点。2022 年，住房城乡建设部发布《"十四五"建筑节能与绿色建筑发展规划》提出了 2025 年的节能改造目标和绿色建筑发展，彰显了建筑装饰行业绿色化发展的紧迫性与必要性。这不仅是政策倡导，也是市场需求的迫切呼唤，需要装饰企业积极应对，实现转型升级。

随着国家大力推进建筑产业化，建筑装饰产业化成为行业发展的关键方向。当前的发展重点在于强调建筑装饰产业化基础建设，继续推进零部件工厂化生产，实现现场施工的装配化。同时，推动建筑装饰企业与施工企业、开发企业进行战略合作，共同开创合作共赢的新局面。标准化是产业化的基础，装配化则提出更高要求。新型城镇化的推动为建筑装饰产业化提供了发展加速的机遇。

（3）降低管理难度，提高施工效率

建筑装饰工程总承包（EPC）模式使企业能够承担整个装饰工程的设计、采购和施工等全过程责任。EPC 模式具备简化管理、提高协同效率、减小风险、节约成本和加快项目进度等优势。在大型建筑项目中，这种模式能够提供高效的项目交付，增进整体效率，减小资源浪费，并有效控制质量和进度，更好地满足客户需求。在国家政策和市场力量的推动下，装饰工程总承包将进一步成为行业的主流发展趋势。

装配式建筑方式是在工厂预制构件，然后到工地组装安装的建筑方式。这种建筑方式具有施工速度快、质量可控、环保节能等优势，有助于提高建筑效率和节约成本。随着绿色环保和健康装饰的趋势，建筑装饰行业将朝着工业化、智能化和数字化的方向发展。我国的装配式行业也将向区域集中发展，技术规范化将

推动产能向龙头企业集聚。装配式装修必将成为未来行业发展的重要趋势。

（4）企业数智化转型，个性定制成为必然趋势

建筑装饰行业正受到技术进步的推动，逐步向数字化和智能化方向发展，包括采用建模软件、虚拟现实和增强现实等技术进行设计、展示，以及整合智能家居和自动化系统。BIM（建筑信息模型）技术以其可视化、协同性、模拟性、优化性和可出图性等特点，能提高建筑质量、缩短工期、降低成本。3D（三维）建模和虚拟现实技术的应用，使行业能更好地实现可视化设计和概念表达，帮助客户理解和参与项目，也有助于设计师和客户之间的沟通和合作，已成为行业技术发展的重要方向。

随着个性化和定制化设计需求的增加，企业致力于提供定制化解决方案，以满足客户需求。同时，行业越来越注重设计的多功能性和灵活性，例如办公空间的灵活布局可适应不同的工作模式。近年来，随着环保意识的深入人心，可持续建筑成为重要的发展方向，包括采用可再生材料、节能技术和环保设计实践，以减小资源消耗和环境影响。

### 2.3.3 中国建材家居行业发展情况

#### 2.3.3.1 中国建材家居行业运行现状

建材家居产品作为建筑装饰装修的必备材料，行业发展与房地产、家装市场紧密相连。随着政策调整、规范标准的出台以及经济社会的快速发展，建材家居行业不断蓬勃发展。中国城镇化水平提高，推动了消费者对建材家居市场的需求迅速增长。此外，随着中国房地产市场逐渐回暖，老房和二手房的家居家装需求也成为建材家居行业的新增长点。

城镇化是伴随工业化发展而来的历史过程，标志着人口向城镇集聚，非农产业在城镇发展，是国家现代化的重要特征。近年来，我国城镇化建设稳步推进并不断加快，带来了大量基础设施、公共服务设施和住宅建设等投资需求，推动了建材家居行业的快速发展。

2017—2022 年，我国城镇化率从 58.52% 增至 65.22%，尽管中国城镇化率近年来持续增长，但仍低于中等偏上收入国家和高收入国家的平均水平，表明我国仍处于较快城镇化发展阶段，城镇人口比例仍有提升空间。2022 年，建材家

居行业面临新冠病毒感染疫情冲击、房地产市场低迷、原材料价格上涨和消费购买力下降等多重压力，但行业依然展现出韧性。2022 年中国建材家居市场规模达到 4.6 万亿元，同比增长 4.8%（图 2.12）。

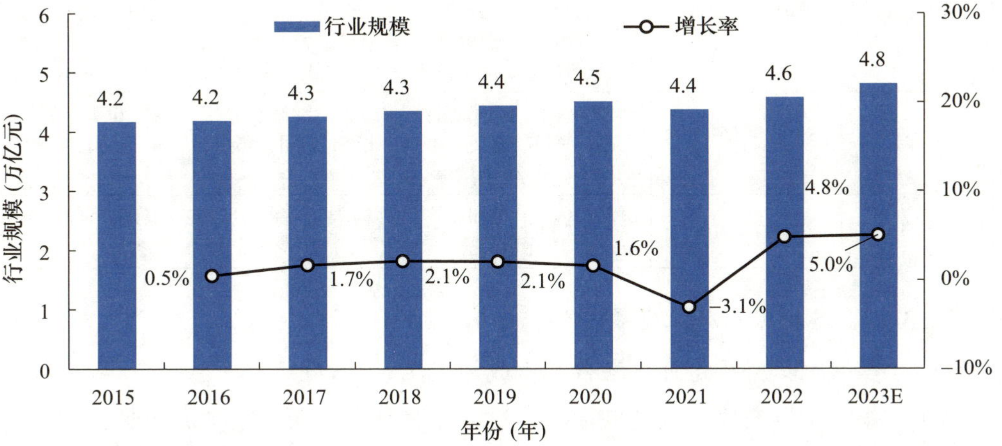


图 2.12 2015—2023 年中国建材家居行业规模及增长情况

（资料来源：中国建筑材料流通协会）

从渠道布局来看，2022 年全国 BHEI（中国城镇建材家居市场饱和度预警指数）为 149.97，为 BHEI 发布以来第二次降低，但对全国市场而言，建材家居市场整体仍处于饱和状态（表 2.12）。其中在全国 70 个大中城市中，温州、济宁、重庆、上海等 10 个城市的 BHEI 值处于绿灯区域，烟台、福州、深圳、北京等 21 个城市处于黄灯区域，银川、太原、哈尔滨、无锡等 39 个城市位于红灯区域。2022 年 BHEI 排名前三的城市是银川、武汉、海口。银川已连续四年位居 BHEI 榜首，但指数逐年走低。2022 年仅有一个城市 BHEI 数据较 2021 年上涨，即扬州，主要原因是红星美凯龙江都店开张。2022 年有 69 个城市 BHEI 数据较 2021 年下降，跌幅前三分别是襄阳、平顶山、武汉。可以看出，基于各城市人口、GDP（国内生产总值）、人均收入、消费水平等因素不同，全国各线城市建材家居市场布局参差不齐，并且当前全国建材家居市场布局仍保持“整体过剩、局部稀缺”的特点，中国建材家居行业市场布局和竞争中心正逐步由一、二线城市向三、四线城市转移。

表 2.12　2022 年中国 70 个大中城市 BHEI 情况

| 区域 | 定义 | 城市名称 |
| --- | --- | --- |
| 红灯区 | BHEI ≥ 150 | 银川、三亚、长春、呼和浩特、合肥、西安、成都、太原、九江、南京、丹东、无锡、吉林、西宁、青岛、长沙、贵阳、惠州、韶关、哈尔滨、乌鲁木齐、蚌埠、兰州、海口、大连、锦州、昆明、南宁、襄阳、唐山、南充、扬州、秦皇岛、大理州、武汉、宁波、天津、徐州、桂林，共 39 个城市 |
| 黄灯区 | 100 ≤ BHEI < 150 | 烟台、福州、深圳、湛江、石家庄、北海、沈阳、洛阳、包头、安庆、宜昌、南昌、遵义、常德、北京、泸州、郑州、济南、岳阳、广州、平顶山，共 21 个城市 |
| 绿灯区 | BHEI < 100 | 厦门、杭州、赣州、济宁、重庆、上海、牡丹江、温州、泉州、金华，共 10 个城市 |

2.3.3.2　建材家居行业发展趋势

（1）整装家具持续走强，融合销售成为主流

近年来，定制家居和软装家居行业进一步融合，企业不断扩展业务范围，为消费者提供更丰富、风格协调的整体家居解决方案。定制家居企业通过增加自产和品牌合作等方式，拓展产品品类，与软装企业在产品系列和品牌构成上更加契合，实现整家产品的融合销售。这一趋势带来了消费者选择一站式整家采购的增长，能够实现整体风格的统一和提升美感，同时推动了客单价的提升。

定制企业积极布局整装渠道，与装修企业实现合作，为消费者提供更全面、便捷的整装解决方案。这种合作模式不仅改善了消费者的装修体验，还加速了整装渠道的发展，逐渐取代传统的半包装修模式。头部整装公司规模快速扩大，定制企业也通过与装修公司的战略合作，为消费者提供一站式的整装服务。整装渠道已成为定制企业快速扩张的重要途径，提高了转化率和客单价，并为企业创造更多业务机会，带来更好的发展前景。

在这一趋势下，消费者选择一站式整家采购的比例持续上升，不仅省心省力，还可以实现整体风格的协调统一、提升美感，客单价也得以稳步提高。定制企业积极布局整装渠道，与装企实现优势互补和专业化分工合作，改善消费者装修体验，整装渠道已成为定制企业快速增长的重要途径之一。

随着整装渗透率的持续提升，头部整装公司规模快速扩大，传统的半包装修模式逐渐被整装模式所取代。定制企业也积极拓展整装渠道。通过与装修公司形

成战略合作伙伴关系，发挥各自的优势，实现高度协同，可以为消费者提供一站式的整装解决方案，大大简化了装修过程，改善了消费体验。依托定制企业的品牌影响力，装企可以提高转化率和客单价，而定制企业也可以依靠装企的客户资源获得更多业务机会。整装渠道已成为定制企业快速扩张的重要途径。

（2）房地产市场政策提振，适老化改造成为增长方向

2023 年 9 月，我国各地楼市政策推进速度明显加快，主要集中在放宽限购、实施首套房“认房不认贷”政策，以及调整公积金政策等方面。在多项政策齐头并进的作用下，一线城市的房地产市场活跃度有所改善，政策效果初步显现，房屋成交面积环比略有增长，增幅达到了 4.17%，但全国整体销售规模仍然相对较低。新房价格方面，受到一些城市推出新项目的影响，全国百城新建住宅价格由下跌转为上涨，涨幅为 0.05%，同比跌幅收窄至 0.1%。而在二手房价格方面，重点城市二手房挂牌量增加，导致全国百城二手房价格仍在下调，环比下跌 0.44%，已连续 17 个月下滑，同比跌幅扩大至 2.59%。

“金九银十”是建材家居传统的旺季。在房地产市场回暖和促进家居消费政策的双重利好影响下，2023 年 9 月，建材家居景气指数持续攀升至合理水平，规模以上卖场销售大幅增长了 15.49%。房地产行业的景气指数（BHI）和建材家居景气指数的“剪刀差”再次凸显，表明目前建材家居市场主要受到存量房改造和改善型需求的主导。在各项指数中，由于受到旅游行业影响，“人气指数”环比下降最为明显。而“先行指数”中的“经理人信心指数”虽然略有回落，但仍呈现看涨态势。

2023 年，国家密集出台了促进老旧小区和居家适老化改造的政策。这些政策将为建材家居企业带来新的发展机遇。其中，住房城乡建设部于 2023 年 5 月 30 日发布了《城市居家适老化改造指导手册》，提供了适老化改造的指导方案和技术路径。而广州于 6 月 1 日发布了《引入社会资本参与老旧小区改造试行办法》，首次引入了社会资本参与老旧小区全流程改造的方法。国家常务会议于 6 月 29 日提出了促进家居消费的措施，并要求家居消费政策与老旧小区改造等政策相衔接和配合。由于改造项目影响范围广泛，涉及上下游多个相关企业，市场规模巨大，预计这将成为拉动建材家居行业增长的重要动力。

# 3

# 中国陶瓷砖胶粘剂行业发展情况

## 3.1 中国陶瓷砖胶粘剂行业发展环境

中国陶瓷砖胶粘剂行业的发展环境由房地产市场需求、技术创新、环保法规、国际市场影响、市场竞争与供应链稳定性以及宏观经济形势和政策因素等多方面因素所构成。随着城市化进程的加速和房地产市场的持续增长，市场需求不断扩大，市场竞争激烈，这促使生产商不断进行技术创新，推出适应不同环境和需求的陶瓷砖胶粘剂产品，以争夺更大的市场份额，例如耐水、速干、高黏性等特性产品。

伴随环保意识的提高，越来越多的消费者和政府部门对环保型产品的需求上升，推动了生产商研发更环保、可持续的陶瓷砖胶粘剂。制造商们积极探索低碳环保方式，例如减少挥发性有机物（VOC）的含量，采用可降解的材料等，以满足市场需求并遵循更严格的环保法规。同时一些企业开始将目光转向国际市场，希望通过出口业务和国际合作来扩大其品牌影响力和市场份额，通过拓展国际市场，获得更多的发展机会，推动了中国陶瓷砖胶粘剂行业的国际化进程。

### 3.1.1 行业相关政策及标准

1994 年，中国国家建材工业局首次颁布了《陶瓷墙地砖胶粘剂》（JC/T 547—1994）[现行为《陶瓷砖胶粘剂》（JC/T 547—2017）] 行业标准，这标志着我国陶瓷砖粘贴领域的发展进入了有序规范的新时代。该标准全面规范了陶瓷砖胶粘剂产品的分类、技术规格、试验方法、质量控制、包装要求以及运输规程等方面，使整个建材行业的陶瓷砖粘贴领域首次受到国家政策和技术规范的引导和监管。这一标准的制定旨在预防质量问题、倡导环保理念以及确保施工中的外墙安全等多重目标，为陶瓷砖粘贴行业的健康有序发展奠定了坚实基础。

2018 年，中国工程建设标准化协会发布的《陶瓷饰面砖粘贴应用技术规程》（T/CECS 504—2018）进一步丰富完善了标准体系。该规程针对不同陶瓷砖规格、使用环境和施工场景提供了更为具体的应用指导。该规程要求从原材料的选择和配制、施工工艺的流程设计到质量检测手段的全面实施，以确保最终工程的质量符合安全使用的要求。这一技术规程推动了陶瓷砖粘贴行业向更高标准化和规范化的方向迈进，同时保障了实际工程的质量和安全性。

2021 年 12 月 31 日，国家标准《陶瓷砖胶粘剂技术要求》（GB/T 41059—2021）发布。该标准详细规定了陶瓷砖胶粘剂的分类、技术要求、标志和包装等方面的内容，适用于室内外墙面和地面陶瓷砖的胶粘剂。在制定本文件时，参考了国际标准 ISO 13007-1：2014，并结合我国相关标准的要求，进行了扩充和修改，以满足我国标准化工作的特定需求。主要的修改包括增加规范性引用文件，采用我国标准替代国际标准，将术语“墙地砖”改为“陶瓷砖”，并增加了混凝土板基材和陶瓷砖的技术要求等内容。此外，还对文件名称进行了修改，正式命名为《陶瓷砖胶粘剂技术要求》。本文件还对术语和定义、产品分类和代号进行了更新，同时更新了技术要求章节，包括基材要求、水泥基胶粘剂、乳液基胶粘剂、反应型树脂胶粘剂的要求，以及产品标志和包装的要求。

#### 3.1.1.1 陶瓷砖粘贴行业相关政策

（1）传统贴砖工艺被淘汰，陶瓷砖胶迎来新的风口

水泥砂浆是外墙砖铺贴的传统胶粘剂，采用普通水泥砂浆粘贴容易引起陶瓷板空鼓、脱落，特别是在经过一段时间的使用后因为温度循环和湿度循环，容易因脱落造成隐患事故。2021 年 4 月，中国建筑材料联合会标准质量部发布了《关于征集建材行业“十四五”标准化发展规划意见建议的通知》，其中强调对散装水泥绿色产业健康发展的目标。此举旨在“十四五”期末实现建材行业的清洁生产和绿色发展，进一步推动了陶瓷砖粘贴行业的全面提升，以期达到陶瓷砖粘贴行业绿色清洁生产的目标。

2021 年 12 月 14 日，住房城乡建设部印发了《房屋建筑和市政基础设施工程危及生产安全施工工艺、设备和材料淘汰目录（第一批）》，其中明确将“饰面砖水泥砂浆粘贴工艺”纳入淘汰目录。这一政策规定意味着自 2022 年 9 月 15 日起，该工艺将被全面禁止使用，对传统的水泥砂浆作为外墙砖铺贴胶粘剂的使用提出

了严格限制和淘汰要求。2022 年 11 月 10 日，住房城乡建设部发布了《房屋市政工程禁止和限制使用技术目录（2022 年版）（征求意见稿）》。其中，施工现场自拌砂浆 / 混凝土工艺等 16 项技术拟被限制使用，瓷板落后挂接工艺等 10 项技术拟被禁止使用。

这一系列政策举措的出台，是为了解决传统水泥砂浆在陶瓷砖粘贴中可能引发的问题，如空鼓、脱落，尤其是在长期使用后可能造成的安全隐患（表 3.1）。政策的实施将鼓励行业更多地采用绿色、环保的新型胶粘剂，陶瓷砖胶作为陶瓷砖铺贴新材料正迎来新的风口。

表 3.1　中国陶瓷砖粘贴相关政策

| 发布时间 | 政策文件 | 发布单位 |
|---|---|---|
| 2003 年 10 月 | 《商务部 公安部 建设部 交通部关于限期禁止在城市城区现场搅拌混凝土的通知》 | 商务部、公安部、建设部、交通部 |
| 2007 年 6 月 | 《商务部 公安部 建设部 交通部、质检总局、环保总局关于在部分城市限期禁止现场搅拌砂浆工作的通知》 | 商务部等六部门 |
| 2007 年 6 月 | 《中国应对气候变化国家方案》 | 国务院 |
| 2008 年 8 月 | 《循环经济促进法》 | 全国人大 |
| 2009 年 11 月 | 《商务部、住建部关于进一步做好城市禁止现场搅拌砂浆工作的通知》 | 商务部、住房和城乡建设部 |
| 2010 年 5 月 | 《关于推进大气污染联防联控工作改善区域空气质量指导意见》 | 环境保护部、发展改革委、科技部、工业和信息化部、财政部、住房城乡建设部、交通运输部、商务部、能源局 |
| 2011 年 9 月 | 《商务部关于“十二五”期间加快散装水泥发展的指导意见》 | 商务部 |
| 2012 年 7 月 | 《商务部办公厅关于开展禁止现场搅拌砂浆检查工作的通知》 | 商务部办公厅 |
| 2015 年 8 月 | 《中华人民共和国大气污染防治法》 | 全国人大 |
| 2015 年 9 月 | 《生态文明体制改革总体方案》 | 国务院 |
| 2016 年 2 月 | 《中共中央 国务院印发〈关于进一步加强城市规划建设管理工作的若干意见〉》 | 国务院办公厅 |
| 2016 年 12 月 | 《商务部关于“十三五”期间加快散装水泥绿色产业发展的指导意见》 | 商务部 |
| 2017 年 9 月 | 《中共中央 国务院关于开展质量提升行动的指导意见》 | 国务院 |
| 2018 年 9 月 | 《建筑装饰装修工程质量验收标准》 | 住房城乡建设部、质检总局 |

续表

| 发布时间 | 政策文件 | 发布单位 |
|---|---|---|
| 2018 年 12 月 | 《建筑业企业资质管理规定》 | 住房城乡建设部 |
| 2019 年 1 月 | 《桂林市人民政府关于划定禁止现场搅拌混凝土和砂浆区域的通告》 | 桂林市人民政府办公室 |
| 2019 年 4 月 | 《建设工程质量管理条例》 | 国务院 |
| 2019 年 4 月 | 《住房和城乡建设部办公厅关于进一步加强施工工地和道路扬尘管控工作的通知》 | 住房城乡建设部办公厅 |
| 2020 年 9 月 | 《住房和城乡建设部办公厅关于推广应用施工现场建筑垃圾减量化指导图册的通知》 | 住房城乡建设部办公厅 |
| 2021 年 4 月 | 《关于征集建材行业"十四五"标准化发展规划意见建议的通知》 | 中国建筑材料联合会标准质量部 |
| 2021 年 12 月 | 《房屋建筑和市政基础设施工程危及生产安全施工工艺、设备和材料淘汰目录（第一批）》 | 住房城乡建设部 |
| 2022 年 10 月 | 《建筑与市政工程防水通用规范》 | 住房城乡建设部 |
| 2022 年 11 月 | 《房屋市政工程禁止和限制使用技术目录（2022 年版）》 | 住房城乡建设部 |
| 2023 年 11 月 | 《空气质量持续改善行动计划》 | 国务院 |

（2）绿色建材下乡助力行业发展

1992 年，国际学术界明确了"绿色材料"的定义，我国于 1999 年提出绿色建材概念。近年来，我国政府部门积极推动绿色建材的发展，陆续出台了一系列政策法规，以逐步推进建材领域的绿色和健康发展（表 3.2）。

表 3.2　中国发展绿色建材相关政策

| 发布时间 | 政策文件 | 发布单位 |
|---|---|---|
| 2013 年 1 月 | 《国务院办公厅关于转发发展改革委住房城乡建设部绿色建筑行动方案的通知》 | 国务院办公厅 |
| 2013 年 8 月 | 《国务院关于加快发展节能环保产业的意见》 | 国务院 |
| 2013 年 9 月 | 《关于成立绿色建材推广和应用协调组的通知》 | 住房城乡建设部、工业和信息化部 |
| 2013 年 12 月 | 《关于开展绿色农房建设的通知》 | 住房城乡建设部、工业和信息化部 |
| 2014 年 5 月 | 《绿色建材评价标识管理办法》 | 住房城乡建设部、工业和信息化部 |
| 2015 年 8 月 | 《促进绿色建材生产和应用行动方案》 | 住房城乡建设部、工业和信息化部 |

续表

| 发布时间 | 政策文件 | 发布单位 |
|---|---|---|
| 2015 年 10 月 | 《关于印发〈绿色建材评价标识管理办法实施细则〉和〈绿色建材评价技术导则（试行）〉的通知》 | 住房城乡建设部、工业和信息化部 |
| 2016 年 5 月 | 《关于促进建材工业稳增长调结构增效益的指导意见》 | 国务院 |
| 2016 年 7 月 | 《工业绿色制造规划（2016—2020）》 | 工业和信息化部 |
| 2016 年 9 月 | 《关于开展绿色制造体系建设的通知》 | 工业和信息化部 |
| 2016 年 9 月 | 《推进绿色建材发展与应用的实施方案》 | 住房城乡建设部、工业和信息化部 |
| 2016 年 12 月 | 《关于印发新材料产业发展指南的通知》 | 工业和信息化部、发展改革委、科技部、财政部 |
| 2017 年 12 月 | 《关于推动绿色建材产品标准、认证、标识工作的指导意见》 | 质检总局、住房城乡建设部、工业和信息化部、国家认监委、国家标准委 |
| 2018 年 3 月 | 《住房城乡建设部建筑节能与科技司 2018 年工作要点》 | 住房城乡建设部 |
| 2019 年 10 月 | 《绿色生活创建行动总体方案》 | 发展改革委 |
| 2019 年 11 月 | 《绿色建材产品认证实施方案》 | 市场监管总局、住房城乡建设部、工业和信息化部 |
| 2020 年 1 月 | 《民用建筑工程室内环境污染控制标准》 | 住房城乡建设部 |
| 2020 年 3 月 | 《绿色产品认证机构资质条件及第一批认证实施规则》 | 认监委 |
| 2020 年 7 月 | 《绿色建筑创建行动方案通知》 | 住房城乡建设部、发展展改革委、教育部等七部门 |
| 2020 年 8 月 | 《关于加快推进绿色建材产品认证及生产应用的通知》 | 市场监管总局、住房城乡建设部、工业和信息化部 |
| 2021 年 2 月 | 《关于加快建立健全绿色低碳循环发展经济体系的指导意见》 | 国务院 |
| 2022 年 2 月 | 《关于完善能源绿色低碳转型体制机制和政策措施的意见》 | 国家发展改革委、国家能源局 |
| 2022 年 4 月 | 《关于进一步释放消费潜力促进消费持续恢复的意见》 | 国务院办公厅 |
| 2022 年 5 月 | 《关于推进以县城为重要载体的城镇化建设的意见》 | 中共中央办公厅、国务院办公厅 |

续表

| 发布时间 | 政策文件 | 发布单位 |
|---|---|---|
| 2022 年 11 月 | 《关于印发建材行业碳达峰实施方案的通知》 | 工业和信息化部 |
| 2023 年 1 月 | 《关于开展 2023 年绿色建材下乡活动的通知》 | 工业和信息化部等六部门 |
| 2023 年 2 月 | 《质量强国建设纲要》 | 中共中央、国务院 |
| 2023 年 3 月 | 《政府采购支持绿色建材促进建设品质提升政策项目实施指南》 | 财政部、住房城乡建设部、工业和信息化部 |
| 2023 年 3 月 | 《绿色建筑评价标准（局部修订征求意见稿）》 | 住房城乡建设部 |
| 2023 年 8 月 | 《建材行业稳增长工作方案》 | 工业和信息化部等八部门 |

2018—2020 年，我国继续加强绿色建材推广力度，2018 年 3 月，住房城乡建设部部建筑节能与科技司印发 2018 年工作要点，提出修订《绿色建筑评价标准》，充分发挥科技创新的战略支撑作用，以绿色城市建设为引导，积极推动建筑能效的提升和绿色建筑的发展，不断提高建筑领域的全面绿色化水平，为推动绿色城市建设奠定坚实的基础。2019 年 10 月，发展改革委印发《国家发展改革委关于印发〈绿色生活创建行动总体方案〉的通知》，通过开展绿色建筑、节能机关、环保家庭、可持续学校、生态社区、低碳出行、环保商场等创造性举措，宣传普及绿色低碳、文明健康、简约适度的生活理念和方式，建立健全与绿色建筑和生活有关的政策和管理制度，促进绿色消费，推动绿色建材产品的发展。

2022 年 3 月，工业和信息化部等六部门发布了《工业和信息化部办公厅 住房和城乡建设部办公厅 农业农村部办公厅 商务部办公厅 国家市场监督管理总局办公厅 国家乡村振兴局综合司关于开展 2022 年绿色建材下乡活动的通知》，旨在促进绿色建材生产、认证和推广应用，支持美丽乡村建设。此计划以五个试点区域，包括下沉市、区（县）、乡（镇）、村为基础，通过线上线下多种形式的公益宣讲、专场展示和巡回展览等活动，加速推广节能低碳、安全性好、性价比高的绿色建材。计划鼓励绿色建材生产企业、电商平台、卖场商场积极参与，同时支持有条件的地区进行适当补贴或提供贷款贴息，以推动绿色建材的消费。另外，该计划鼓励企业、电商、卖场等方面为民众让利，促进更多的绿色消费。

2023 年 8 月，工业和信息化部等八部门联合印发的《建材行业稳增长工作方案》进一步推广绿色建材，培养绿色消费理念。该方案深入开展绿色建材下乡活动，制定绿色建材高质量发展行动方案，充实农村适用的绿色建材产品体系，推出因地制宜的绿色建材产品推荐目录，促进绿色建材消费。还鼓励电商平台和线下卖场设立专区，优化销售渠道和网点布局。此外，计划推动领军企业提供优惠促销措施，支持绿色建材在农房、基建等领域的应用，并加强宣传引导，提升绿色建材消费理念，提振建材市场的绿色消费水平。

根据以上方案，预计到 2025 年，我国将实现多个领域的显著变化：优化产业、能源、运输结构，增加绿色产业比重；提高基础设施的绿色化水平，推动生产和生活方式朝向绿色转型，明显降低碳排放强度，持续改善生态环境。到 2035 年，我国将进一步增强绿色发展内生动力，推动绿色产业规模扩大，关键行业产品能源利用效率达到国际领先水平，普及绿色生产和生活方式，逐步减少碳排放，根本性改善生态环境，为实现美丽中国建设目标奠定基础。

#### 3.1.1.2 陶瓷砖胶粘剂相关标准

当前，我国已经制定了多项与陶瓷砖胶粘剂行业相关的标准，包括陶瓷砖胶粘剂产品的定义与分类、技术要求、试验方法、检验规程、包装、标识、运输和储存等方面（表 3.3）。此外，还对陶瓷砖胶粘剂的施工验收和绿色生产等方面进行了规范要求，旨在引导我国的陶瓷砖胶粘剂行业实现健康有序的发展。

表 3.3 陶瓷砖胶粘剂相关标准

| 标准类型 | 标准编号 | 标准名称 | 适用范围 |
|---|---|---|---|
| 国家标准 | GB/T 25181—2019 | 《预拌砂浆》 | 适用于专业生产厂生产的，用于建设工程的砌筑、抹灰、地面等工程及其他用途的水泥基预拌砂浆 |
| 国家标准 | GB 50300—2013 | 《建筑工程施工质量验收统一标准》 | 适用于建筑工程施工质量的验收 |
| 国家标准 | GB 50210—2018 | 《建筑装饰装修工程质量验收标准》 | 适用于所有的建筑装饰工程的验收 |
| 行业标准 | JGJ/T 253—2019 | 《无机轻集料砂浆保温系统技术标准》 | 包含无机轻集料砂浆保温系统贴砖时对砖、陶瓷砖胶粘剂及填缝剂的技术要求 |

续表

| 标准类型 | 标准编号 | 标准名称 | 适用范围 |
|---|---|---|---|
| 行业标准 | JGJ/T 172—2012 | 《建筑陶瓷薄板应用技术规程》 | 适用于建筑陶瓷薄板在室内地面、室内墙面以及粘贴高度不大于 24m 的室外墙面工程中的应用 |
| 行业标准 | JG/T 158—2013 | 《胶粉聚苯颗粒外墙外保温系统材料》 | 胶粉聚苯颗粒外保温贴砖技术要求 |
| 行业标准 | JGJ 126—2015 | 《外墙饰面砖工程施工及验收规程》 | 适用于采用满粘法施工的外墙饰面砖工程的材料、设计、施工及验收 |
| 行业标准 | JC/T 547—2017 | 《陶瓷砖胶粘剂》 | 适用于内外墙和地面陶瓷用胶粘剂 |
| 行业标准 | JGJ/T 110—2017 | 《建筑工程饰面砖粘结强度检验标准》 | 适用于建筑工程外墙饰面砖粘结强度的检验 |
| 行业标准 | T/CBMF 60—2019 | 《绿色产品评价预拌砂浆》 | 适用于预拌砂浆的绿色产品评价 |
| 行业标准 | T/CBMF 59—2019 | 《预拌砂浆行业绿色工厂评价要求》 | 适用于预拌砂浆的绿色产品评价 |
| 行业标准 | JC/T 60006—2020 | 《瓷砖薄贴法施工技术规程》 | 适用于陶瓷砖薄贴法的材料、设计、施工及验收 |
| 地方标准 | DB 11/T 344—2017 | 《陶瓷墙地砖胶粘剂施工技术规程》 | 适用于新建、改建、扩建的建筑工程中，建筑内外墙体及地面的陶瓷墙地砖和柔性砖的胶粘剂铺装施工 |
| 地方标准 | DB 32/T 3704—2019 | 《预拌砂浆绿色生产管理技术规程》 | 适用于预拌砂浆企业的绿色生产、管理 |
| 团体标准 | T/CECS 504—2018 | 《陶瓷饰面砖粘贴应用技术规程》 | 适用于建筑物墙面和地面粘贴陶瓷饰面砖工程的材料选用、设计、施工和验收 |
| 团体标准 | T/GBMA 001—2019 | 《陶瓷大板施工技术规程》 | 适用于陶瓷大板对于粘贴材料选型及适配 |
| 团体标准 | T/CCIA 0009—2021 | 《地面用陶瓷砖（板）胶粘剂》 | 适用于建筑室内外地面薄施工用陶瓷砖胶粘剂 |
| 地方标准 | DB 22/T 5056—2021 | 《预拌砂浆应用技术标准》 | 适用于预拌砂浆的应用技术 |
| 行业标准 | JC/T 2616—2021 | 《预拌砂浆行业绿色工厂评价要求》 | 适用于预拌砂浆绿色工厂的评定 |
| 团体标准 | T/CCIA 0010—2021 | 《地面用陶瓷砖（板）胶粘剂应用技术规程》 | 适用于建筑室内外地面薄施工用陶瓷砖胶粘剂的应用 |
| 行业标准 | HJ 297—2021 | 《环境标志产品技术要求 陶瓷砖（板）》 | 适用于陶瓷砖及陶瓷板 |
| 地方标准 | DB 45/T 2421—2021 | 《预拌砂浆生产应用技术规程》 | 适用于预拌砂浆的生产技术 |

续表

| 标准类型 | 标准编号 | 标准名称 | 适用范围 |
|---|---|---|---|
| 国家标准 | GB/T 41081—2021 | 《陶瓷砖填缝剂技术要求》 | 适用于陶瓷砖填缝剂和胶粘剂 |
| 国家标准 | GB/T 41059—2021 | 《陶瓷砖胶粘剂技术要求》 | 适用于陶瓷砖胶粘剂 |
| 国家标准 | GB/T 41156—2021 | 《外墙砖用弹性胶粘剂》 | 适用于外墙砖弹性胶粘剂 |
| 行业标准 | JC/T 2718—2022 | 《陶瓷砖自动拣选机》 | 适用于陶瓷砖的分类及拣选的设备 |
| 行业标准 | JC/T 2693—2022 | 《绿色设计产品评价技术规范 预拌砂浆》 | 适用于预拌砂浆的绿色设计产品评价 |
| 地方标准 | DB11/1983—2022 | 《建筑类涂料与胶粘剂挥发性有机化合物含量限值标准》 | 适用于建筑涂料与陶瓷砖胶黏剂 |

（1）国家标准

1）《预拌砂浆》（GB/T 25181—2019）

《预拌砂浆》（GB/T 25181—2019）由中华人民共和国住房和城乡建设部提出，中国建筑科学研究院有限公司负责起草，于2019年8月颁布，2020年7月开始实施，用于代替《预拌砂浆》（GB/T 25181—2010）。该标准规定了预拌砂浆的分类和代号、标记、原材料、要求、制备、试验方法、检验规则、包装、储存和运输、订货和交货等诸多内容，适用于专业生产厂生产的，用于建设工程的砌筑、抹灰、地面等工程及其他用途的水泥基预拌砂浆，同时对原材料设定规范标准。

2）《陶瓷砖填缝剂技术要求》（GB/T 41081—2021）

《陶瓷砖填缝剂技术要求》（GB/T 41081—2021）由国家市场监督管理总局和国家标准化管理委员会于2021年12月发布。这一标准对于陶瓷砖填缝剂的技术要求和规范进行了详细规定。与国际标准ISO 13007-3：2010相比。本文件进行了结构上的变化，重新排序了第4章和第5章，以适应我国的标准化习惯。此外，本文件还引入了一些技术性差异，如更改了规范性引用文件、修改了术语和定义以适应国内标准化工作，以及编辑性改动，将标准名称更改为《陶瓷砖填缝剂技术要求》。该标准文件规定了陶瓷砖填缝剂的分类和代号、技术要求、标志和包装等内容。它适用于室内外墙面和地面陶瓷砖的填缝剂，但不包括有关设计和铺贴陶瓷砖方面的技术要求。这一标准的制定旨在规范陶瓷砖填缝剂的生产和使用，以确保其质量和性能符合标准，满足建筑工程的需求。

3)《陶瓷砖胶粘剂技术要求》(GB/T 41059—2021)

《陶瓷砖胶粘剂技术要求》(GB/T 41059—2021)是国家标准，于 2022 年 7 月 1 日正式实施。该标准对陶瓷砖胶粘剂的技术要求进行了详细规定，旨在提高我国陶瓷砖胶粘剂的产品质量，推动行业的国际化发展。此标准修改采用了国际标准 ISO 13007-1：2014 的相关内容，以推进我国的消费品标准与国际标准接轨。该标准分为 6 章，包括术语和定义、分类和代号、技术要求以及标志和包装等方面的内容。它适用于室内外墙面和地面陶瓷砖用胶粘剂。这一标准的制定，促使我国的陶瓷砖胶粘剂产品更加符合国际标准，提高了产品质量，为我国的陶瓷砖胶粘剂行业在国际市场上的竞争提供了坚实基础。

4)《外墙砖用弹性胶粘剂》(GB/T 41156—2021)

《外墙砖用弹性胶粘剂》(GB/T 41156—2021)于 2022 年 7 月 1 日正式实施。此标准的发布旨在规范外墙砖铺贴所使用的弹性胶粘剂，确保产品质量并提供统一的标准参考，推动外墙砖胶粘剂领域的质量提升和规范化发展。该标准包括以下方面的内容：分类和命名、通用要求、试验条件和材料、试验方法、产品命名、标签和注意事项。标准的范围明确定义了适用于外墙砖铺贴的反应型树脂胶粘剂。这将有助于确保外墙砖铺贴工程的施工质量，同时为市场上的产品提供了明确的技术要求和标准。

(2)行业标准

1)《环境标志产品技术要求 陶瓷砖(板)》(HJ 297—2021)

《环境标志产品技术要求 陶瓷砖(板)》(HJ 297—2021)由生态环境部于 2021 年 4 月发布，规定了陶瓷砖(板)环境标志产品必须满足的技术要求。该标准包括了术语和定义、基本要求、技术内容和检验方法等内容，适用于陶瓷砖和陶瓷板产品。该标准对陶瓷砖(板)产品的放射性、可溶性重金属含量等方面提出了限量要求，并要求产品生产过程中的工业废渣回收利用率和工艺废水回用率必须满足一定标准。该标准自实施之日起，废止了旧版的《环境标志产品技术要求 陶瓷砖》(HJ/T 297—2006)。其主要修订内容包括标准名称的修改、适用范围的调整、产品生产企业清洁生产要求的增加、单位产品综合能耗的要求、工业废渣回收利用率的调整、生产工艺废水回用率的增加、产品中可溶性铅和镉的限量要求的调整以及产品包装要求的增加等。这一修订旨在提高陶瓷砖（板）产品的环保水平和质量标准。

2）《预拌砂浆行业绿色工厂评价要求》（JC/T 2616—2021）

工业和信息化部于2021年5月发布《预拌砂浆行业绿色工厂评价要求》（JC/T 2616—2021）。该文件的制定原则包括一致性、专业性、先进性和可操作性。它在结构上与《绿色工厂评价通则》（GB/T 36132—2018）保持一致，包括基本要求以及基础设施、管理体系、能源与资源投入、产品、环境排放和综合绩效六个一级指标的评价要求。评价指标的选择和权重分配充分考虑了预拌砂浆行业的特点以及绿色发展趋势，旨在客观、真实地反映工厂的绿色水平。该标准设定了工厂应达到的先进性指标要求，采用了量化评分的评价方法，以综合量化评估工厂的绿色化水平，以引领整个行业朝着绿色发展方向前进。该文件详细规定了预拌砂浆行业绿色工厂评价的总则、评价要求、评价方法和程序、判定标准以及评价报告的内容。它适用于预拌砂浆生产企业的绿色工厂创建与评价，推动该行业朝着更环保、更可持续的方向发展。

3）《陶瓷砖自动拣选机》（JC/T 2718—2022）

《陶瓷砖自动拣选机》（JC/T 2718—2022）由中华人民共和国工业和信息化部于2022年9月30日发布，于2023年4月1日正式实施。该标准的发布旨在规范陶瓷砖自动拣选机的相关设备，以确保其性能和质量符合国家标准，同时提供了检验和评估的指导。标准的内容包括以下几个方面：陶瓷砖自动拣选机的型号和基本参数、技术要求、试验方法、检验规则、标志、包装、运输和贮存。这些规定旨在确保自动拣选机在陶瓷砖分类和拣选过程中的性能稳定和可靠。其适用范围包括陶瓷砖的分类和拣选设备。该标准的制定有助于提高陶瓷砖生产过程的自动化程度和效率，确保产品质量，同时为行业内的设备制造商提供了统一的技术规范和参考标准。

4）《绿色设计产品评价技术规范 预拌砂浆》（JC/T 2693—2022）

《绿色设计产品评价技术规范 预拌砂浆》（JC/T 2693—2022）由中华人民共和国工业和信息化部于2022年9月30日发布，并于2023年4月1日正式实施。该规范的发布旨在规范预拌砂浆绿色设计产品的评价流程和要求，以促进绿色设计理念在预拌砂浆生产领域的应用，减小环境影响，提高产品的可持续性和环境友好性。本规范包括以下主要内容：绿色设计产品评价的范围，评价流程，评价要求，产品生命周期评价报告的编制方法，以及判定和标识。这些规定有助于制定绿色设计产品的评价标准，确保产品的生产、使用和处理过程中减小对环境的负面影响，同时提高产品的性能和可持续性。其适用范围包括预拌砂浆的绿色设计产品评价。该标准有助于引导生产企业更加关注产品的环保性能，降低资源消耗，减少废弃物的产生，从而推动整个行业向更加可持续和环保的方向发展。此外，该规范还提供了评价结果的判定和标识方法，使消费者能够更容易地识别和选择符合绿色设计标准的产品，促进绿色消费和可持续发展。

（3）地方标准

1）《预拌砂浆应用技术标准》（DB22/T 5056—2021）

吉林省建设标准化管理办公室、吉林省住房和城乡建设厅散装水泥办公室组织了对《预拌砂浆技术规程》（DB22/T 1024—2011）的修订工作。修订过程结合国内研究成果、实践经验以及国家标准，经过广泛的试验和专家审查，旨在总结吉林省的具体情况而进行。修订后的主要内容包括总则、术语、基本规定、分类及性能、设计、施工以及施工质量验收等。技术上的修改包括删除了预拌砂浆生产相关内容，专注于建设工程的应用；术语方面增加了特种砂浆、保塑时间等，删除了保水增稠材料、添加剂、填料等；对砂浆分类进行了修改，增加了干混石膏基砂浆、机喷抹灰砂浆等种类；增加了各类砂浆的性能要求，包括常见种类的技术指标；修订了各类砂浆的施工质量控制。

《绿色建筑设计标准》和《预拌砂浆应用技术标准》现已被批准为吉林省工程建设地方标准，分别编号为 DB22/T 5055—2021 和 DB22/T 5056—2021，并自发布之日起正式实施。原有的《一星级绿色民用建筑设计标准》（DB22/JT 167—2017）和《预拌砂浆技术规程》（DB22/T 1024—2011）同时被废止。这一系列的修订和批准工作旨在提高建筑工程的质量，推动吉林省绿色建筑和绿色建材的应用，促进可持续发展。

2）《预拌砂浆生产应用技术规程》（DB45/T 2421—2021）

《预拌砂浆生产应用技术规程》（DB45/T 2421—2021）是由广西壮族自治区市场监督管理局于 2021 年 12 月 20 日发布的标准文件。该标准详细规定了预拌砂浆在性能、生产质量控制、运输、施工应用技术以及质量控制等方面的要求和规范。此标准适用于广西壮族自治区范围内的工业和民用建筑物（构筑物）中使用的预拌砂浆的生产、选用、施工以及质量控制等环节。这一标准旨在规范和提高广西地区预拌砂浆产品的生产和应用质量，确保施工工程的质量和安全性。

3）《建筑类涂料与胶粘剂挥发性有机化合物含量限值标准》（DB11/ 1983—2022）

《建筑类涂料与胶粘剂挥发性有机化合物含量限值标准》（DB11/1983—2022）于 2022 年 10 月 1 日正式实施，由北京市生态环境局和北京市市场监督管理局联合发布。该标准的制定旨在贯彻《北京市大气污染防治条例》，减少建筑类涂料与胶粘剂在使用过程中释放的挥发性有机化合物，从而提高北京市的大气环境质量。该标准主要包括以下内容：建筑类涂料与胶粘剂的产品分类、挥发性有机化合物含量限值要求、测试方法、检验规则、包装标志和标准的实施。这些规定有助于限制涂料与胶粘剂中有害挥发性有机化合物的含量，降低其在使用时对环境和空气质量的不利影响，有助于建设更环保和健康的建筑环境。本标准适用于在北京市境内生产、销售和使用的建筑物、构筑物、桥梁和护栏等建筑工程中所使用的涂料与胶粘剂产品。

（4）团体标准

这里主要介绍《地面用陶瓷砖（板）胶粘剂应用技术规程》（T/CCIA 0010—2021）。

中国陶瓷工业协会于 2021 年 7 月发布了《地面用陶瓷砖（板）胶粘剂应用技术规程》（T/CCIA 0010—2021）。该文件的制定依据中国陶瓷工业协会批复的项目立项要求，旨在规范地面用陶瓷砖（板）胶粘剂在建筑工程中的应用，确保施工安全、技术先进、经济合理，以保证工程质量。该文件的主要内容包括总则、术语、材料、基层、施工、验收，以及相关的条文说明。它适用于新建、改建和扩建建筑工程中，特别是在地面或楼板上陶瓷饰面材料的粘贴施工过程中。此外，地面用陶瓷砖（板）胶粘剂的施工除了需要符合本文件的规定，还必须符合国家现行相关标准的规定。

### 3.1.2 行业技术发展现状及趋势

陶瓷砖胶作为铺贴陶瓷砖的胶粘剂，在多方面具备技术优势，包括高粘结强度、快速固化、出色的耐水性、耐化学性以及卓越的抗裂性能等，使其成为铺贴陶瓷饰面材料的首要选择。然而，我国陶瓷砖胶粘剂行业在技术发展上面临一些挑战。环保政策要求严格，推动企业向绿色转型，但这需要大量资源和资金投入。同时，技术人才短缺限制了行业的发展潜力，缺乏专业技术人员影响了产品研发和质量控制。市场需求不断增长，但智能化水平相对较低，这也限制了行业的进一步发展。

随着消费者对生活品质要求的提升，对产品环保性、节能效果以及美学特性的需求也在不断增加。薄层施工技术的不断进步为陶瓷砖胶粘剂市场的扩展提供了坚实基础，预示着市场应用将保持稳健增长。在此背景下，陶瓷砖胶粘剂生产企业积极拓展市场布局，以迎接市场竞争挑战，争夺更广阔的市场份额。为了在激烈的市场竞争中脱颖而出，各生产企业正在努力提升自身竞争力。未来，陶瓷砖胶粘剂的技术发展将以智能化、高效化生产为重点，注重绿色低碳转型，并持续推进新材料的应用，以满足日益增长的市场需求和环保标准。

3.1.2.1　环保政策趋严，环保和可持续发展成为主要发展方向

中国的陶瓷砖胶粘剂企业正面临着日益严格的环保政策压力，这推动它们积极进行绿色转型。随着环保标准和法规的不断健全，这些企业意识到环境保护对未来发展至关重要。为此，其已开始调整生产工艺和原材料选择，确保产品更环保和可持续。为满足监管部门对环保产品的需求，这些企业努力降低产品中有害成分的含量，特别是挥发性有机物（VOC）等对环境和健康存在隐患的物质。其积极探索使用更环保的原材料，并不断优化生产工艺，以减小对环境的不良影响。

为提高产品的环保性能，一些企业在研发过程中注重创新，以替代传统材料和工艺，满足市场需求。这种绿色转型不仅是对环保政策的响应，更体现了企业对社会责任和可持续发展的承诺。它们正不断努力朝着更环保、更可持续的生产模式迈进，以满足不断提高的环保标准，并赢得消费者和市场的认可。

随着环保意识的提升，越来越多的陶瓷砖胶粘剂制造商正在顺应绿色低碳潮流，积极寻求环保的生产工艺和原材料。降低有害物质的含量、减小环境污染，已成为行业朝向可持续发展的重要路径。预计将有更多企业采用可再生和可降解材料，以满足市场对环保产品不断增长的需求。这一趋势将有助于推动整个行业

向更环保和可持续的未来发展。

3.1.2.2 专业技能人才匮乏，需加强专业人才培养

我国陶瓷砖胶粘剂行业面临着严重的人才匮乏问题，并缺乏专门的对口培训机构。这一情况直接影响行业的技术水平、产品质量和创新力，需要采取一系列措施来解决这一挑战。

目前，绝大多数职业培训机构和院校未设立针对陶瓷砖胶粘剂的专业课程，导致学生和从业者无法获得系统的培训和教育的问题。这不仅使新人难以进入该行业，也限制了在职人员提升技能水平的可能性，从而造成市场上缺乏受过专业培训的人才，严重制约了行业的发展。

为解决这一问题，未来需要加大对陶瓷砖胶粘剂行业人才培养和引进的力度。首先，应建立专门的培训机构和课程体系，以满足行业的培训需求。这将有助于吸引更多年轻人加入该领域，并提供更多培训机会和职业发展途径。

同时，企业也应积极参与培训和教育工作，为员工提供更多学习和成长机会。加强内外部合作，推动人才培养，有助于提升行业整体的人才素质和竞争力。这不仅对陶瓷砖胶粘剂行业的健康发展至关重要，也有助于满足市场对高质量产品和创新的需求，推动行业走向更可持续的未来。

3.1.2.3 智能化与创新驱动，成为陶瓷砖胶粘剂行业的关键挑战

陶瓷砖胶粘剂行业在智能化水平和自主创新方面面临挑战，尤其在科技迅速发展的今天，全球各行业都在积极推进智能化应用。然而，陶瓷砖胶粘剂领域的智能化水平相对滞后，这直接影响了生产效率和产品质量的有效控制。

陶瓷砖胶粘剂的生产涉及复杂的工艺和配方，但缺乏智能化生产设备和控制系统，导致人为因素容易干扰生产流程，影响效率和品质，并增加了成本管理的难度。同时，自主创新不足制约了行业发展步伐，使其过度依赖外部技术和产品，降低了企业的竞争力，难以应对外部市场风险。

未来，陶瓷砖胶粘剂行业急需加强智能化技术的研发和应用，企业通过引入先进的生产设备和自动化控制系统，可以实现机械化和智能化生产，提高生产和施工效率，降低劳动力成本，有助于行业的发展，提升企业的智能化水平，增强生产能力，降低能源消耗和人工支出，减小人为因素的干扰，提高生产的精准性和一致性，增强竞争力，降低成本，扩大利润空间。同时政府和企业应加大对研

发和创新的投入，设立专门的研究机构，推动陶瓷砖胶粘剂行业向智能化和创新驱动转型，以增强行业的竞争力和可持续发展能力。

3.1.2.4 加大新型材料的应用及研发

中国陶瓷砖胶粘剂行业对新型材料的应用及研发一直是关注重点，如纳米材料的应用引发了广泛的关注。引入纳米颗粒到陶瓷砖胶粘剂中，可以使产品性能实现革命性提升。纳米粒子增强型材料能够改善陶瓷砖胶粘剂的力学性能，如强度、韧性和耐久性，同时提高其附着力和抗老化能力。这种技术的应用使陶瓷砖胶能在各种极端环境下表现优异，适应不同气候、温度和湿度条件下的使用需求。

聚合物的改良和优化也至关重要，不断改进聚合物的配方和制备工艺，有助于提升陶瓷砖胶的稳定性和可靠性。通过调整聚合物的成分比例和结构设计，陶瓷砖胶能够在不同环境条件下保持较稳定的性能。这种改良使产品更加耐用，能够应对不同的施工条件和工程需求，从而提高施工效率和质量。

这些新型材料的运用和研发推动了陶瓷砖胶粘剂行业向更高性能、更稳定、更耐用的方向发展。这种技术创新将持续推动行业发展，提升产品的竞争力，同时有助于适应不断变化的市场需求和环境标准。未来，随着科学技术的进步和研发投入的增加，新型材料在陶瓷砖胶粘剂领域的应用将变得更加丰富和多样化。这将助力该行业朝着更可持续的未来发展，同时提高产品的质量和竞争力。

### 3.1.3 中国陶瓷砖市场发展现状及趋势

3.1.3.1 陶瓷砖市场发展现状

陶瓷砖市场的供应链涵盖广泛的上游行业，包括矿物原料和釉原料的开采加工、各种辅料的制造以及陶瓷加工设备制造。其下游市场主要涵盖建筑装修和装饰领域，涉及地产和基建项目。陶瓷砖不仅在家庭装修市场有应用，而且广泛应用于酒店、地铁、标志性建筑等公共装修市场。它可用于地面和墙面铺贴，不仅美观，而且能保护建筑物、墙壁和地面。

根据中国建筑卫生陶瓷协会的数据，2021—2023 年，受“双碳”目标和能耗政策收紧影响，加速了落后产能的淘汰，国内市场由增量市场转向存量市场，

2022 年，全国陶瓷砖产量下滑至 73 亿 $m^2$，2023 年陶瓷砖产量预计为 70.4 亿 $m^2$，同比下降 4%（图 3.1）。自 2016 年产量达峰值后，一直处于振荡下滑状态。陶瓷行业在优化产能方面仍有待加强，市场集中度有很大提升空间，同时，国家的“双碳”目标、“双控”战略和高质量发展战略也将导致更多小型陶企主动或被迫退出市场。

随着政策的变化和市场需求的转变，陶瓷砖行业面临着优化产能、提升品质、开发新市场等挑战，行业将持续适应市场变化，提升技术创新和产品绿色可持续发展水平，以适应更为复杂多变的市场环境。

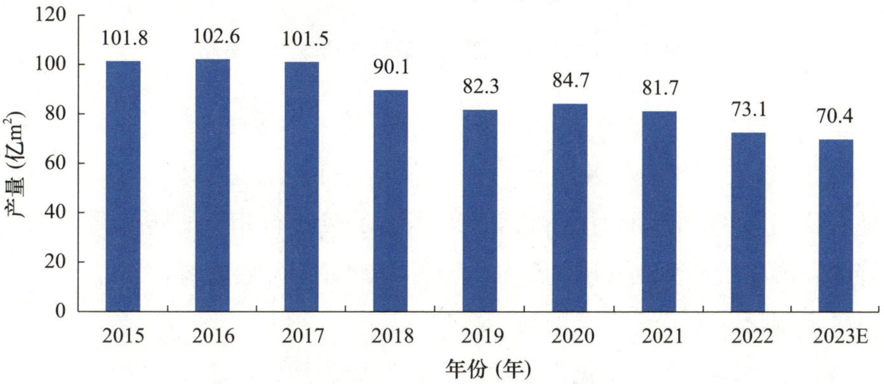


图 3.1　2015—2023 年中国陶瓷砖产量

（资料来源：中国建筑卫生陶瓷协会）

目前，我国陶瓷砖行业市场的集中度相对较低，前 10 大品牌市场占有率仅为 18%（图 3.2）。从品牌竞争格局来看，我国的陶瓷砖品牌主要分为三个梯队：第一梯队包括约 30 家全国陶瓷砖龙头品牌，代表企业有马可波罗、蒙娜丽莎、诺贝尔等。这些企业以高端产品为主，产品质量优良、耐磨性好、密度高、不易渗污等。第二梯队包括约 200 家区域强势陶瓷砖品牌，代表企业有嘉达陶瓷、顺辉陶瓷等。这些品牌产品主要偏向中高端产品，产品质量较好，价格符合大多数消费者的需求。第三梯队包括约 1400 家中小型制陶企业。这些企业规模较小，在市场中属于中小型制造商。这种品牌竞争格局显示出我国陶瓷砖行业的市场竞争仍然较为分散，同时也凸显出高端品质和区域性优势品牌的竞争优势。未来，随着行业竞争的加剧和市场环境的变化，企业可能加大品牌建设和产品创新力度，以争夺更多市场份额。

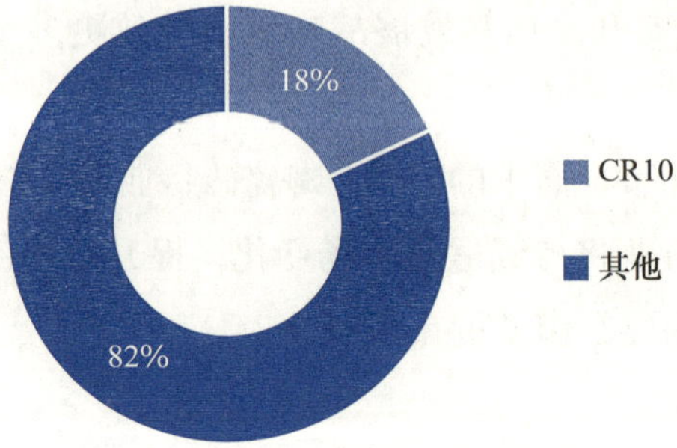


图 3.2　2023 年中国陶瓷砖行业市场竞争格局

3.1.3.2　陶瓷砖市场发展趋势

随着我国陶瓷砖使用规模不断下滑，行业必须进行相应的转型调整，才能赢得更好的发展前景。预测我国陶瓷砖市场将呈现如下发展趋势：

（1）定制化和个性化需求增加

消费者对个性化和定制化产品的需求逐渐成为陶瓷砖市场发展的主要驱动因素。他们渴望为自己的家居或商业空间打造独特风格，因此，对于陶瓷砖的选择更加注重个性化和特色化。这一需求的崛起迫使制造商们提供更多样化、更具灵活性的产品选择，开始着重于研发和生产不同尺寸、款式、图案和表面处理的陶瓷砖，以迎合消费者对个性化装饰的需求。

生产商和设计师为此致力于创造独特的设计风格，比如复古风格、现代风格、工业风格或艺术风格的陶瓷砖产品，以满足不同消费者的审美偏好。这种趋势也驱使制造商开发定制化的服务，让消费者能够根据自己的需求和喜好，定制特定尺寸、颜色和图案的陶瓷砖产品。个性化的设计和定制化服务在市场中得到了广泛认可，为消费者提供了更多自主选择的机会，也促进了陶瓷砖行业更加多元化和创新化的发展趋势。

（2）智能化和技术创新推动陶瓷砖产业蓬勃发展

随着科技的快速进步，智能化制造已成为陶瓷砖产业的主要发展方向。数字化技术和自动化设备的引入为企业带来了许多显著优势。这些技术可以帮助企业提升生产效率、优化资源利用，并降低能源消耗和成本，从而进行更精准的生产和生产更高质量的产品。通过数字化生产，企业能够实现生产过程的实时监控和精确控制，进而提高生产线的灵活性和响应速度。智能化制造还能够通过数据分析提供有价值的生产洞察，帮助企业更好地了解市场需求并优化产品设计和制造流程。这种数字化转型不仅提升了生产效率，而且促进陶瓷砖产业朝着更智能化、更可持续的方向发展。

陶瓷砖行业也在不断探索新材料和技术应用，包括高性能陶瓷材料、3D 打印技术以及更先进的制造工艺，旨在提高产品的耐磨性、耐腐蚀性和装饰性。在全球经济一体化和高新技术迅速发展的背景下，陶瓷砖设计也呈现出两种主要流派：一派追求时尚前卫、自由奔放的设计风格；另一派强调怀旧复古、个性鲜明、引人注目的设计。

国内陶瓷砖厂家逐渐意识到，在激烈竞争的市场中，注重设计已成为共识。一些知名品牌的陶瓷砖设计已与国际水准接轨。特别是在建材产品中，在陶瓷砖表面平整度、边直度、直角度和耐磨性等参数方面，国标的质量标准往往高于欧标两倍以上。某些品牌的抛光砖质量已达到国际领先水平。

随着陶瓷砖产业与其他行业的融合加深，新技术、新应用和新解决方案不断涌现。因此，创新发展和共享协作已成为陶瓷砖行业中跨界合作和共融发展的重要途径，展现了广阔的市场前景和潜在增长空间。

（3）优化供应链管理，加强环保材料应用，践行可持续性发展

企业可利用生命周期管理（LCM）工具，如生命周期评估（LCA）和生命周期成本核算（LCC），对整个生产过程进行全面分析。这不仅有助于识别潜在的环境热点和资源浪费，而且可以在产品设计和生产阶段采取针对性措施，以减少碳足迹、水资源利用量和能源消耗量，确保产品在整个生命周期内都符合可持续性标准。绿色供应链管理（GSCM）可以成为实现可持续发展的关键，包括优化运输和物流，减小运输距离，使用本地和可再生原材料，以减小环境影响。同时，管理供应链各节点的相互关联，以获得动态竞争优势，可以提高整个供应链的效率和可持续性。采用可再生陶瓷可以将工业固废转化为有用的建筑材料，有助于减少废物的排放量和资源消耗量。这不仅有利于降低环境污染，而且可以提

高资源的回收和再利用率。再生陶瓷也符合市场绿色化、环保化和低碳化的趋势，为可持续建筑项目提供更多选择。

此外，陶瓷砖行业应积极响应绿色建筑趋势，为可持续建筑项目提供更多环保、节能和可持续的产品。这有助于满足不断增长的市场需求，为行业的可持续发展打下基础。通过综合考虑生命周期管理、绿色供应链管理、可再生陶瓷砖的推广以及响应绿色建筑趋势等综合性措施，陶瓷砖行业可以在可持续发展的框架内实现供应链优化，并为环境、社会和经济带来积极的影响。这将有助于确保行业在未来能够持续发展，并为可持续发展目标做出贡献。

## 3.2 中国陶瓷砖胶粘剂行业发展现状

### 3.2.1 陶瓷砖胶粘剂市场规模容量

3.2.1.1 陶瓷砖胶粘剂相关指标运行情况

（1）全国陶瓷砖产量及消费量整体呈现下滑趋势

2020—2023 年，中国陶瓷砖行业继续经历生产和消费下滑，其原因在于建筑和房地产政策的调控住宅竣工面积减小，导致房地产市场放缓，降低了对建筑材料的需求，直接影响陶瓷砖的消费量。同时行业内部转型向网络化、智能化、绿色化和生态化发展。激烈的企业竞争导致产量和消费量下滑，淘汰中低端生产力、结构性调整，技术创新和产品品质提升势在必行。此外，受全球贸易和市场动态多重复杂因素影响，消费者更加注重产品质量、品牌认知和美学体验。产能落后的企业更易被淘汰，难以适应市场变化，进而影响整体产量和消费量。因此，中国陶瓷砖企业需要灵活应对市场挑战，不断适应变化，提升技术实力和产品品质，以确保竞争力并在未来取得成功。

2023 年我国陶瓷砖消费量为 64.6 亿 $m^2$，其中地砖应用最高，占比 52%，其次是内墙砖，占比 40%。从整体来看，受房市低迷、消费习惯、陶瓷砖产能优化等因素影响，我国陶瓷砖消费量呈现下滑趋势（图 3.3）。

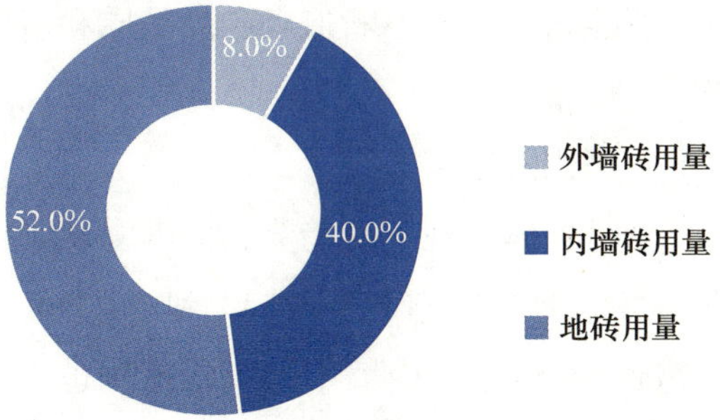


图 3.3　2023 年中国建筑陶瓷砖使用情况

1）房市低迷、竣工减少，导致建材需求下降。近年来，房地产市场活跃度下降直接影响了房屋建设和投资，导致竣工面积减小，进而显著减小对陶瓷砖等建材的需求。除此之外，政府对房地产市场调控政策的调整在一定程度上影响了市场运行，加剧了建材消费需求的降低。这些因素共同作用下，陶瓷砖的消费量出现下降趋势，给陶瓷砖行业带来了挑战。

2）消费习惯转变。自新冠病毒感染疫情缓解后，消费者开始更加注重家居空间，追求情感需求、性价比高、现代美观且功能强大的产品。这一变化推动了对陶瓷砖更为详细和多样化的需求。在陶瓷砖市场上，消费者的决策主要受价格、品牌和设计等因素的影响。价格是首要考虑因素，其次是品牌声誉和产品质量。虽然实体店仍旧占据主导地位，但在线销售呈现出显著增长的趋势。值得注意的是，行业内部出现了关闭实体店、减少新店开设、转型新媒体渠道的趋势。

3）陶瓷砖产能优化。近年来，中国陶瓷砖行业经历了结构性调整和产能优化，导致陶瓷砖产量出现下降。这一变化主要是为了适应市场需求和提升行业竞争力而进行的内部调整。行业通过优化生产工艺、引入智能制造技术、提高产品质量和环保标准等措施，提高了效率和质量，但也影响了总产量。此外，消费者对环保和高品质产品的需求增加，促使企业加大对质量和创新的投入，部分陈旧产能被淘汰，以提升整体产能结构，因而也在一定程度上导致总产量下降。

随着新兴装饰材料市场竞争加剧，陶瓷砖的市场份额受到一定挑战。外部因素如全球经济形势变化、原材料价格波动和国家政策调整也对陶瓷砖产能造成了影响，陶瓷砖行业产量下降是产业自我调整和适应市场变化的结果。未来，行业将继续强调绿色生产、智能化发展，不断追求产品品质和多样化，以提高竞争力和适应市场需求。

（2）陶瓷砖胶粘剂应用比例逐年提升

尽管我国陶瓷砖产销量整体呈现下滑趋势，但陶瓷砖胶粘剂在陶瓷砖粘贴工程中的应用比例呈现明显的上升趋势（表 3.4）。到 2023 年，陶瓷砖胶粘剂在外墙贴砖中的应用比例达到 74.5%；在内墙中的应用比例也提升到 61.0%（图 3.4）；在地砖中的应用虽然是从 2016 年才开始出现，但应用比例保持快速上升的趋势，2023 年，陶瓷砖胶粘剂在地砖粘贴工程中的应用比例为 16.0%。

表 3.4　2015—2023 年中国陶瓷砖胶粘剂应用比例　%

| 指标 | 2015 | 2016 | 2017 | 2018 | 2019 | 2020 | 2021 | 2022 | 2023E |
|---|---|---|---|---|---|---|---|---|---|
| 外墙陶瓷砖胶粘剂应用比例 | 49.5 | 56.5 | 60.1 | 64.0 | 68.4 | 70.7 | 71.2 | 73.3 | 74.5 |
| 内墙陶瓷砖胶粘剂应用比例 | 17.7 | 20.4 | 23.1 | 26.6 | 32.9 | 37.7 | 45.2 | 54.7 | 61.0 |
| 地砖陶瓷砖胶粘剂应用比例 | — | 1.4 | 3.1 | 5.9 | 9.1 | 10.2 | 12.3 | 13.6 | 16.0 |

注：2015 年陶瓷砖胶粘剂在地砖的应用刚起步，应用占比暂不做统计。

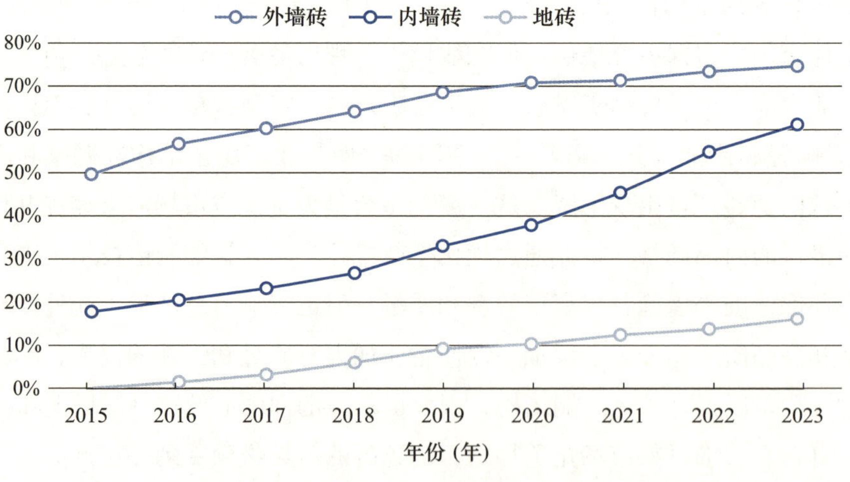


图 3.4　2015—2023 年中国陶瓷砖胶粘剂应用比例

内外墙陶瓷砖胶粘剂在中国市场的应用比例自 2021 年后持续增长，得益于国家对装修安全的重视和政策引导，鼓励消费者广泛采用陶瓷砖胶粘剂来铺贴内外墙陶瓷砖。同时，用户对陶瓷砖胶粘剂的认知提升以及产品价格下降也是促使其应用比例持续攀升的原因之一（表 3.5）。尽管内外墙陶瓷砖胶粘剂在应用比例已经处于较高水平，但随着消费者认知度的提高和产品价格的不断调整，依然呈现出上升的趋势（图 3.5）。

表 3.5　2015—2023 年中国陶瓷砖胶粘剂产品及施工均价水平

| 指标 | 2015 | 2016 | 2017 | 2018 | 2019 | 2020 | 2021 | 2022 | 2023E |
|---|---|---|---|---|---|---|---|---|---|
| 产品均价水平（元 /t） | 1498.5 | 1437.3 | 1377.6 | 1313.9 | 1257.5 | 1192.6 | 1133 | 1075.2 | 1018.2 |
| 施工均价水平（元 / ㎡） | 43 | 47 | 50 | 54 | 58 | 63 | 68 | 74 | 80 |

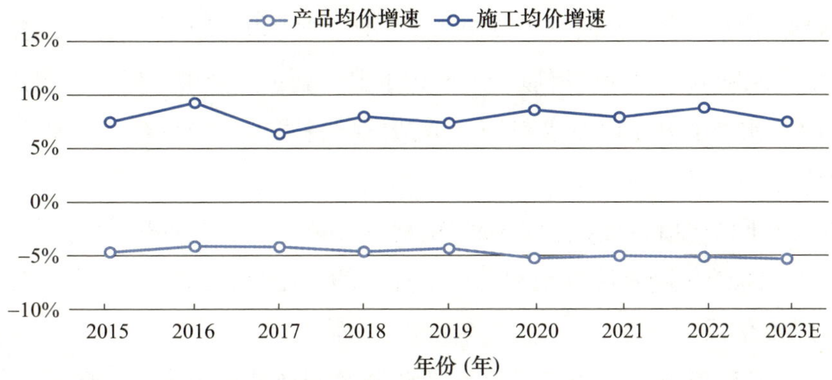


图 3.5　2015—2023 年中国陶瓷砖胶粘剂产品及施工均价增速

3.2.1.2　陶瓷砖胶粘剂消费量及产值分析

根据上述关于陶瓷砖消费量、陶瓷砖胶粘剂在外墙、内墙和地砖中的应用比例以及陶瓷砖胶粘剂产品和施工价格的变化情况，进行适当的估算，可以获得我国陶瓷砖胶粘剂的消费量和行业产值的预测（表 3.6）。

表 3.6　2015—2023 年陶瓷砖胶粘剂消费量及产值

| 指标 | | 2015 | 2016 | 2017 | 2018 | 2019 | 2020 | 2021 | 2022 | 2023E |
|---|---|---|---|---|---|---|---|---|---|---|
| 陶瓷砖胶粘剂消费量（万 t） | | 527.2 | 645.9 | 804.7 | 937.3 | 1039.4 | 1200.0 | 1413.2 | 1612.2 | 1910 |
| 陶瓷砖胶粘剂总产值（亿元） | | 381.3 | 497.6 | 647.4 | 803.6 | 911.3 | 1092.3 | 1263.2 | 1482.2 | 1740 |
| 其中 | 产品产值（亿元） | 79.0 | 92.8 | 110.9 | 116.2 | 121.3 | 132.3 | 143.2 | 152.2 | 190 |
| | 施工产值（亿元） | 302.3 | 404.8 | 536.5 | 687.4 | 789.9 | 960.0 | 1120 | 1330 | 1550 |

结合表 3.6 可以看出以下情况：

（1）消费量方面：2015—2023 年，陶瓷砖胶粘剂消费量保持增长。但受陶瓷砖产销量下滑影响，增速有所放缓。特别地，受国家房地产调控以及新冠病毒感染疫情暴发影响，全社会房屋竣工面积下滑，施工量减少，但由于陶瓷砖胶粘剂产品应用比例上升，以及来自旧房改造的项目需求，2023 年陶瓷砖胶粘剂消费量预计为 1910 万 t。

（2）行业总产值方面：陶瓷砖胶粘剂总产值包括产品产值和施工产值两部分。2017—2023 年陶瓷砖胶粘剂总产值保持增长趋势。2023 年陶瓷砖胶粘剂总产值为 1740 亿元。

（3）产品产值方面：2023 年，陶瓷砖胶粘剂产品产值为 190 亿元，与 2022 年相比，同比增长 24.8%。

（4）施工产值方面：2023 年，陶瓷砖胶粘剂施工产值为 1550 亿元，与 2022 年相比，同比增长 16.5%。施工产值增速增长的主要原因：近年来，随着消费者对产品和铺贴服务的需求趋向更高品质、个性化、多元化和创新化的转变，施工难度不断提升，而铺贴行业技术人才短缺的问题日益显现，薪资水平增长明显。同时，物价上涨导致生活成本提高，这也促使企业提高工资和福利，以吸引和留住更多的技术人才。这些因素都对铺贴行业产生了重要影响。

## 3.2.2 陶瓷砖胶粘剂市场结构特征

### 3.2.2.1 陶瓷砖胶粘剂分领域应用特征

陶瓷砖胶粘剂的应用范围根据陶瓷砖的类型分为外墙砖、内墙砖和地砖三个主要类别。

外墙砖主要用于装饰和保护建筑物的外墙表面，同时也可以根据客户的特殊规格和颜色要求进行定制生产。外墙砖不仅起到美化建筑外观的作用，还因其具有耐酸碱、保温隔寒等物理化学特性，对墙体的保护具有重要意义。外墙砖注重整体搭配和装饰多样性，以满足各种外墙装饰的个性化需求。当前，外墙装饰技术正朝着高品质和高档次的方向不断发展。

陶瓷砖胶粘剂行业是一个典型的市场竞争激烈的行业，主要厂商有西卡德高、东方雨虹、唐姆、雷帝、三棵树、立邦、能高等。这些企业在产品质量、品牌知名度、销售渠道和技术研发等方面都进行了多方面的投资和发展。同时，一些境外陶瓷砖胶粘剂品牌也进入中国市场，进一步加强了市场竞争。

分领域来看，陶瓷砖胶粘剂的应用需求呈现如下特征：

（1）外墙陶瓷砖胶粘剂消费现状

消费者对陶瓷砖胶粘剂的认识不够深入，施工单位和家庭装修消费者往往只关注材料的单价，而忽略了综合成本。与传统的水泥、砂子相比，采用陶瓷砖胶粘剂的材料单价较高，导致生产企业和消费者在实际操作中更倾向于选择前者。

目前，国内生产陶瓷砖胶粘剂的工厂数量众多，但大多数企业规模较小，经营区域有限，生产工艺和设备落后，导致产品质量参差不齐，只能依靠廉价销售。此外，国内陶瓷砖胶粘剂的市场单价比较混乱，存在以次充好的现象。

（2）内墙陶瓷砖胶粘剂消费现状

内墙陶瓷砖以釉面砖为主，具有丰富多彩的图案选择，包括单色、印花、高级艺术图案等。釉面砖不易吸污、耐侵蚀、易清洁，对粘贴强度的要求相对较低，因此主要用于厨房和卫生间等室内空间。釉面砖通常吸水率较高，表层釉面在张压力下，经过长时间的冻融作用，可能出现剥落的情况，因此不适用于室外使用。所以，室内粘贴釉面砖的情况仍然常见，通常使用水泥砂浆进行粘贴。

然而，近年来，新型陶瓷砖如抛釉砖和微晶石的推出，以及使用“地砖上墙”替代釉面砖的装修趋势逐年增加，使陶瓷砖胶粘剂成为这类低吸水率陶瓷砖铺贴的必备选择。此外，市场对“薄板”和“大板”陶瓷砖装修风格的追求，也对粘结材料提出了更高的要求，因此陶瓷砖胶粘剂成为替代传统水泥砂浆的首选材料。

（3）地砖陶瓷砖胶粘剂消费现状

自 2016 年开始，陶瓷砖胶粘剂逐步开始应用于地砖铺贴领域。地砖在商业和家庭装修中广泛应用，其具有简约的颜色、大尺寸、高密度等特点。当用于墙面装饰时，地砖的延展性强，能够赋予室内风格更加高端和大气的感觉。随着陶瓷砖铺贴工艺的不断提升，“地砖上墙”不仅受到装修装饰公司和陶瓷砖厂商的推崇，也深受消费者的喜爱。

陶瓷砖胶粘剂凭借其高粘结强度和施工便捷性，不仅能够满足“地砖上墙”的粘贴需求，而且能够有效地保证陶瓷砖的粘贴效果和质量，提升装修装饰公司的品牌声誉。因此，它受到了装修装饰公司的信任和青睐，也成为中国陶瓷砖胶粘剂行业发展的一个重要突破点。

地砖陶瓷砖胶粘剂可以提高装饰建材的安全性，且花费相对较低，其费用占空间装饰费用的 3% ～ 5%。受价格、认知度等因素影响，国内消费者对地砖陶瓷砖胶粘剂的使用意识还不够强，目前国内地砖陶瓷砖胶粘剂市场份额较小，使用率较低，未来，陶瓷砖胶市场将快速发展，使用率大幅度提高，地砖安装将从水泥现场搅拌迈入陶瓷砖胶时代。

3.2.2.2　陶瓷砖胶粘剂分区域供需特征

随着中国经济结构的转型和区域发展策略的不断调整，2023 年陶瓷砖胶粘剂在不同区域的供需情况呈现出更加明显的差异化特征（表 2.3）。华南区域继续保持其市场领导地位，特别是广东省作为高档陶瓷砖的主要来源地，市场集中度和需求量均有显著增长；华东区域作为中国建筑陶瓷的主要生产集聚区之一，虽然覆盖范围广泛，但面临着市场调整和竞争加剧的挑战，供需情况相对成熟但占比略有减小；西南区域城市的建设拉动市场需求增长；北部及中部区域由于环保政策严苛导致市场需求的增速略缓，这一变化反映了环保标准的逐步适应和城市建设的稳健推进（图 3.6）。

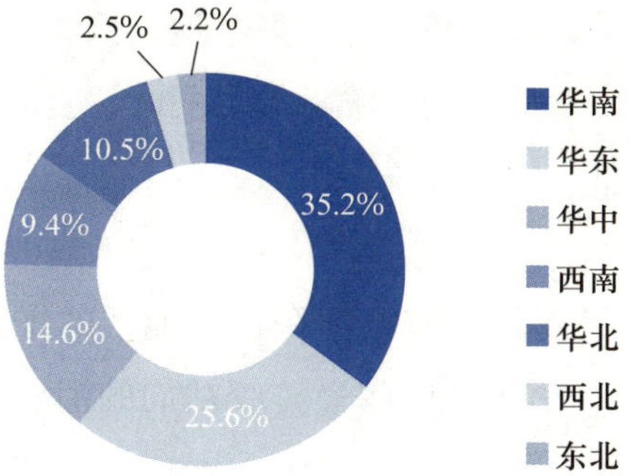


图 3.6 2023 年中国陶瓷砖胶粘剂分区域消费量需求分布

从图 3.6 可以看出以下几点：

（1）华南区域供需集中，市场集中度高。陶瓷砖胶粘剂在华南地区的消费量位居第一。以广东省为代表，广东是中国陶瓷生产的核心地区，拥有多个重要的陶瓷生产基地，如佛山、清远、河源、肇庆、恩平等地。特别是佛山市，以建筑陶瓷为主要支柱产业，是全球最大的建筑陶瓷生产基地之一，陶瓷砖胶粘剂消费量居于首位。

广东地区成熟的建筑陶瓷产业，不仅带动了陶瓷砖本身的发展，也带动了陶瓷砖胶粘剂的配套需求。同时，陶瓷砖胶粘剂行业巨头企业西卡德高也重点布局在华南区域。

广东地区的建筑陶瓷产业十分成熟，对陶瓷砖胶粘剂的需求不断推动着该市场的发展。同时，华南地区的经济相对较发达，装修和建材市场需求火爆，对各种陶瓷砖产品的需求量巨大，行业巨头企业西卡德高也在华南地区进行重点布局。截至 2023 年，华南地区陶瓷砖胶粘剂消费量约占总体需求规模的 35.2%，达到约 672.3 万 t。

（2）华东区域覆盖广，需求快速增长。华东地区在中国地理范围广泛，是建筑陶瓷的主要生产集聚区，也是经济、消费和城市建设的核心区域。此外，华东地区的消费市场相当活跃，开发商和消费者对于陶瓷砖产品的品质和设计有着较高的要求，注重产品的外观、耐久性和环保性能，对陶瓷砖胶粘剂的了解和接受程度相对其他地区更高。

华东地区内拥有多个大型建筑陶瓷生产基地，例如江西的宜春、景德镇，福建的晋江、闽清，以及山东的淄博、临沂等。同时，上海、江苏、浙江、安徽等地是中国长三角地区的重点建设和发展区域，许多主要的陶瓷砖胶粘剂制造商均设有管理总部或销售中心。

这些因素共同推动了陶瓷砖胶粘剂在华东地区的推广和销售，对市场产生了积极的作用。2023 年，华东地区陶瓷砖胶粘剂的消费量约占总体需求规模的 25.6%，达到约 488.96 万 t。

（3）西南区域增长快，城市建设拉动需求。国家西部大开发战略，在我国东中西互动区域发展战略中发挥了重要的经济传递作用。尽管四川、云南等地区存在少量陶瓷砖生产企业，规模相对较小，产品种类相对较少。但随着四川、重庆、贵州、云南等主要城市积极推行新基建政策，城市基础设施建设和房地产建设规模迅速增长，消费需求增长迅速，带动了区域建筑陶瓷及陶瓷砖胶粘剂的需求。2023 年，西南地区陶瓷砖胶粘剂消费量占总体需求规模的 9.4% 左右，约为 179.5 万 t。

（4）北部及中部区域供需下降，环保严苛、城市建设步调略缓。北部和中部地区的陶瓷砖胶粘剂需求受到多方面因素的影响。首先，由于装修习惯的差异，这些地区对陶瓷砖的需求本身就较南部地区低。其次，近年来，北部和中部地区成为中国环保审查和整改的重点，对当地的建筑陶瓷产业产生了显著影响。

在北部地区，尤其是华北地区，陶瓷砖胶粘剂的消费量主要集中在京津冀地区，特别是北京，用户对陶瓷砖胶粘剂有较高的认知度和使用比例。但是，受到环保政策的影响，北部建筑陶瓷的生产企业面临限产或停产的挑战。这导致北京、天津、石家庄等主要需求城市的房屋建设进度放缓，对行业的供销和需求产生了影响。

中部地区，如河南、湖北、湖南虽然有一定规模的建筑陶瓷生产，但相比于华南和华东地区，该地区缺乏规模较大的龙头企业。加之环保管理日益严格，这些因素共同对当地的建筑陶瓷产业和陶瓷砖胶粘剂市场产生了一定的影响。

2023 年，北部地区（华北、东北、西北）的陶瓷砖胶粘剂消费量约占总体需求规模的 15.2%，约为 290.3 万 t。华中地区陶瓷砖胶粘剂消费量约占总体需求规模的 14.6%，约为 278.9 万 t。

## 3.3 中国陶瓷砖胶粘剂流通渠道现状

### 3.3.1 陶瓷砖胶粘剂销售渠道结构及需求分布

我国陶瓷砖胶粘剂的销售主要通过两大渠道展开，即工程项目渠道和零售分销渠道。工程项目渠道专注向房地产建设项目提供陶瓷砖胶粘剂，服务对象包括房地产开发商、陶瓷砖生产商和销售商，以及建筑装饰公司。零售分销渠道注重直接或间接向最终消费者销售产品，依赖线上和线下的销售渠道，合作伙伴包括陶瓷砖制造商、销售商以及建筑装饰公司，以满足个人消费者的需求。为了扩大市场份额，陶瓷砖胶粘剂的生产和销售商积极参与并管理这两种渠道，并提供端到端的服务。

工程项目渠道和零售分销渠道对陶瓷砖胶粘剂的需求与多种因素紧密相关，包括房地产政策、房屋建设的完成标准和产品推广程度等。自 2017 年以来，中国的山东、河南、上海、浙江和海南等省市开始实施一系列促进精装修房的政策。这些政策鼓励房地产企业交付全装修的新建筑，并提高新建住宅的全装修成品交付比例，从而稳步推动工程项目渠道对陶瓷砖胶粘剂需求的增长，2023 年，陶瓷砖胶粘剂在工程项目渠道消费量占比为 33%（表 3.7）。

表 3.7 2015—2023 年陶瓷砖胶粘剂分渠道消费量需求分布 %

| 指标 | 2015 | 2016 | 2017 | 2018 | 2019 | 2020 | 2021 | 2022 | 2023E |
|---|---|---|---|---|---|---|---|---|---|
| 工程项目 | 46 | 48 | 51 | 51 | 53 | 52 | 45 | 40 | 33 |
| 零售分销 | 54 | 52 | 49 | 49 | 47 | 48 | 55 | 60 | 67 |

近年来，工程项目渠道迎来回暖，这主要得益于新基建政策和稳交楼政策的推动。这两大政策在基础设施和公共建筑领域的持续投资，为工程项目规模提供了持续动力。同时，对绿色建筑和绿色建材的重视也在推动政府出台鼓励精装修

的政策，并设立全装修的量化目标，不仅扩大了工程项目的施工规模，也提升了陶瓷砖等建筑材料的使用比例。特别是在陶瓷砖铺设中，陶瓷砖胶粘剂作为必需品，得到了更多工程项目渠道的应用和推广，促进了陶瓷砖胶粘剂市场需求的增长。

2022 年，我国精装修渗透率增长至 40%，相较发达国家 80% 以上的精装修渗透，仍具有较大差距，随着国家对全装修要求的不断提升以及对环保要求的日益增加，政府在推动住宅建设和装修标准化方面加大了力度。全装修要求的提高将进一步推动消费者对精装修房屋的认可和需求，从而提升全装修市场的份额。国家全装修要求和环保要求的提高为精装修市场带来了新的发展机遇。通过满足更严格的建筑标准和消费者需求，陶瓷砖胶粘剂行业工程项目渠道将有望迎来更大发展空间（图 3.7）。

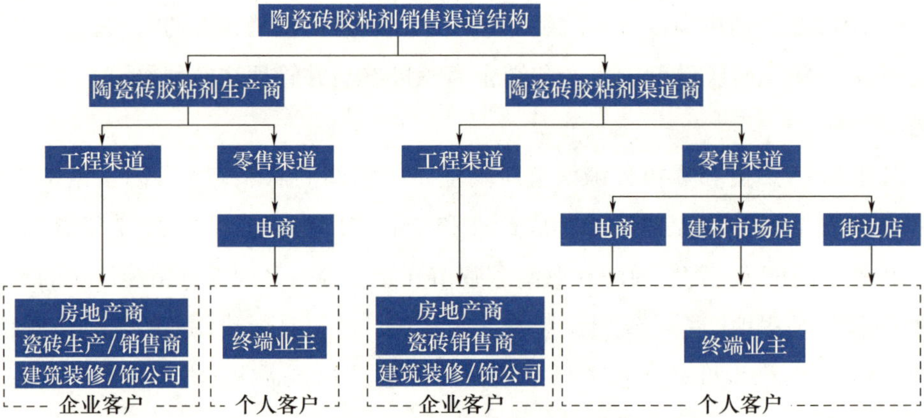


图 3.7 中国陶瓷砖胶粘剂的销售渠道结构现状

零售分销通路方面：受到房地产调控政策影响，新房和二手房交易频率减缓，对零售分销渠道规模提升带来一定限制，但终端业主对陶瓷砖胶粘剂的认知和接受度持续提升，这为陶瓷砖胶粘剂在零售分销渠道中规模的扩大提供了有力支持。在一、二线城市，陶瓷砖胶粘剂的产品认知和推广处于高速发展阶段，已有不错的认知度，但仍需要进一步加强推广，以提高终端业主对产品的了解和接受度。相反，在三、四线城市，陶瓷砖胶粘剂产品的推广仍处于起步阶段，终端业主对其了解程度较低。然而，这些地区市场需求潜力巨大，拥有广阔的发展空间，尚待深入挖掘和推广。

总体而言，陶瓷砖胶粘剂在零售分销渠道的发展前景良好，市场规模有望逐步增加。在工程项目渠道方面，受到新基建、精装修以及整装政策的推动，陶瓷砖胶粘剂的应用比例将持续稳步提升。未来，随着市场的成熟和政策的逐步深入，零售分销渠道应向三、四线城市下沉，以满足更广泛地区消费者对高品质装修材料的需求。

### 3.3.2 陶瓷砖胶粘剂渠道推广方式现状

在工程项目渠道，胶粘剂厂商和经销商主要面向的客户是房地产开发商、陶瓷砖制造商以及建筑装修公司，这属于大宗的企业客户。而零售渠道则主要通过实体店或网店，以及与陶瓷砖厂商、装修公司合作，将产品销售给个人终端用户。由于两个渠道的客户对象不同，因此在产品推广上也存在差异。工程渠道更看重产品性能，零售渠道则强调用户体验。陶瓷砖胶粘剂企业需要因渠道制宜，采取有针对性的营销策略。

（1）工程项目渠道

1）加强与工程商合作：加强与建筑工程公司或装修公司合作，并提供产品演示和示范。与专业团队合作，使产品可以直接应用于实际工程项目中，展示其性能和质量。定期与工程商进行技术交流和培训，以确保他们对产品了解并能正确使用。

2）参加专业展览和活动：参加各种建筑材料展览、工程建设峰会和专业论坛。这些活动提供了展示产品的机会，并能够与行业内的专业人士、建筑商和设计师进行交流互动，同时观察市场趋势和竞争对手。

3）提供技术支持和培训：提供专业的技术支持和培训服务。包括产品的正确使用方法、施工技巧以及在不同工程环境下的应用，可以提高施工人员的技术水平，增强他们对产品的信心，并加强与客户的合作关系。

4）增加案例展示与实地考察：提供成功的工程案例供参考，并安排客户进行实地考察。展示产品在实际工程项目中的应用效果，让客户亲身体验产品性能和优势，增加他们对产品的信赖度。

5）提供定制化服务和解决方案：根据不同工程项目的需求，提供个性化的解决方案。针对特定项目的技术要求和环境特点，提供定制化的产品或施工方案，以满足客户的需求。

6）建立客户反馈和持续改进机制：鼓励客户提供反馈，并将这些信息用于持续改进产品和服务。从客户反馈中获取宝贵的一手资料，不断优化产品性能和服务质量，更好地满足市场需求，增强客户满意度和品牌忠诚度。

（2）零售分销渠道

1）线上平台引流：在电商平台建立产品页面，提供详细的产品信息、使用说明、实际效果展示和客户评价，吸引消费者前往线下门店购买或直接在线上下单购买产品。

2）优化展示区域：在建材市场或卖场内设置具有吸引力的品牌展示区域。采用陈列方式、产品演示和实际效果展示来增强产品的吸引力，引导消费者对产品进行更深入的了解。

3）制定促销策略：针对重点节日及特殊时间节点制定促销计划，例如折扣、赠品或套餐优惠。激发消费者的购买兴趣，提高购买意愿，同时也增加消费者对产品的认可度。

4）全面的品牌宣传：打造用户参与式的活动，鼓励消费者分享他们使用产品的照片或视频，以及使用体验和评价，增强用户与品牌之间的互动，形成更加积极的品牌口碑。

5）定制化体验服务：提供定制化的消费者体验服务，根据消费者的需求和兴趣进行个性化指导和体验。例如，为装修项目提供免费咨询服务，指导消费者选择最适合的产品。

## 3.4　中国陶瓷砖胶粘剂行业发展预测

随着我国国民经济的蓬勃发展和人民生活水平的不断提高，房地产行业迅速壮大，正在塑造着建筑和装饰领域的新格局。终端业主在选择建筑物装饰时，逐渐注重对于风格、色调等方面的要求，渴望打造一个令人愉悦和舒适的生活空间，不再将陶瓷砖视为地板或墙壁的覆盖材料，而是将其视为一种具有装饰性和美学价值的装饰元素，要求陶瓷砖能够反映他们的品位和生活方式。因此，陶瓷砖的选择范围变得更加广泛，包括各种不同的纹理、颜色、形状和尺寸，以满足不同业主的需求。这一趋势逐渐引发了陶瓷砖行业市场规模的增长，陶瓷砖胶粘剂市场需求也随之上升。

从需求市场、生产和施工市场以及终端市场等方面划分的产业链结构来看，我国陶瓷砖粘贴市场的发展呈现出以下趋势。

### 3.4.1 需求市场

3.4.1.1 技术创新驱动需求增长

随着建筑行业对绿色、智能、高品质材料的需求不断增加，陶瓷砖胶粘剂行业将面临技术创新的挑战和机遇。消费者对耐久性、环保性和易施工性等方面的要求日益提高，因此，行业内不断涌现出更环保、更高效、更具创新性的新型陶瓷砖胶粘剂产品。

3.4.1.2 绿色环保成为主流需求

随着社会对环境保护意识的提高，绿色环保产品已成为建筑材料行业的主流。因此，市场将更加倾向于选择符合环保标准、低挥发性有机化合物（VOC）含量低、无害化、可循环利用的绿色陶瓷砖胶粘剂产品。

3.4.1.3 城市化和房地产发展拉动需求

中国持续的城市化进程和房地产业的快速发展将持续拉动陶瓷砖胶粘剂的需求。城市化进程带动了住宅和商业地产建设，进而推动了对装修材料的需求，其中陶瓷砖胶粘剂是重要的装修材料之一。

3.4.1.4 精装修政策推动需求提升

政府对精装修政策的支持和推动，促进了装修市场的发展。随着对全装修、精装修的需求增加，陶瓷砖胶粘剂等装修材料的市场需求也将相应增长。

3.4.1.5 消费者个性化需求增加

消费者对于个性化定制和高品质装修的需求日益增加。他们追求更多样化的装修风格和个性化选择，因此，市场将对于各种类型、颜色和规格的陶瓷砖胶粘剂提出更多样化的需求。

## 3.4.2 生产及施工市场

### 3.4.2.1 生产技术的提升和创新

随着科技和制造技术的不断进步，陶瓷砖胶粘剂生产技术将迎来改进和创新。生产企业将更加注重研发新型材料和工艺，以满足市场对环保、高效和多功能产品的需求。

### 3.4.2.2 智能化生产和自动化工艺的应用

为了提高生产效率和产品质量，预计生产企业将更多地应用智能化和自动化技术。自动化生产线的使用将提高生产效率、降低成本，并加强产品质量控制。

### 3.4.2.3 环保绿色生产是未来趋势

随着消费者对环保产品需求的增加，生产企业将更加注重陶瓷砖胶粘剂生产过程中的环保问题。这意味着更多的企业将采用环保材料和生产工艺，确保产品生产过程符合严格的环保标准。

### 3.4.2.4 工程施工市场的逐步复苏与需求增长

尽管中国房地产市场经历了一段低迷期，但现在正逐渐稳定并展现出复苏的迹象。这种复苏趋势，连同持续的城市化进程，预示着对陶瓷砖胶粘剂等装修材料需求将逐步增长。基础设施建设的持续投资和房地产行业的稳健复苏，为陶瓷砖胶粘剂市场提供了积极的发展机遇。

### 3.4.2.5 全装修和精装修政策的推动

政府鼓励全装修和精装修政策的推动将带动陶瓷砖胶粘剂在施工市场上的需求增长。随着越来越多的房地产项目采用全装修或精装修模式，对陶瓷砖胶粘剂的需求将得到提升。

## 3.4.3 终端市场：产品价格下降，用户认知度提升

### 3.4.3.1 数字化营销和线上渠道整合

随着数字化时代的来临，数字营销和在线渠道成为企业开拓市场的重要手段。通过社交媒体平台、电商网站等渠道开展精准定向广告投放和线上销售，能够更直接地触达消费者，满足他们线上购物的习惯，同时，通过数据分析优化营销策略，以实现更高效的消费者互动和转化率。

3.4.3.2 明确品牌定位并推动差异化竞争

品牌差异化是企业在竞争激烈的市场中脱颖而出的关键。企业需明确定位自身产品特色与优势，强调品牌形象和产品独特卖点，以吸引并保持消费者的忠诚度。

3.4.3.3 定制化服务和专业顾问支持

随着消费者对个性化需求的增加，提供定制化的服务和个性化的产品选择将成为企业获取竞争优势的一种途径。此外，提供专业顾问支持，为消费者提供技术咨询和专业指导，可以提高消费者的满意度和忠诚度。

3.4.3.4 推动可持续发展与环保创新

陶瓷砖胶粘剂行业对环保和可持续发展的关注度日益增加。符合环保标准、低碳环保的产品将更受市场青睐。企业应投资于环保技术和生产流程，开发符合环保标准的产品，同时倡导环保理念，以提升市场竞争力和品牌形象。

3.4.3.5 深化教育与体验式营销活动

在零售店铺或展示中心举办消费者教育和体验活动的深度化将是品牌吸引和保持消费者的关键。借助更多样化、互动性强的体验活动，深度传递产品信息和优势，提升品牌与消费者的互动体验。

3.4.3.6 地区差异化市场布局策略

鉴于不同地区市场需求的差异，企业需要制定针对性的市场布局策略。一些发达城市可能需要强调高品质和高端形象，而一些发展中地区可能更注重价格和性价比。

3.4.3.7 利用数据分析优化营销

收集和分析消费者数据，以更好地理解市场趋势、消费者行为和偏好。借助这些洞察来优化营销策略和产品定位，从而更有效地吸引和保留客户。

## 3.5 中国陶瓷砖胶粘剂行业发展瓶颈

### 3.5.1 技术人才瓶颈：人才培养和技术转化难题

陶瓷砖胶作为关键建筑材料之一，需要高水平的技术专家和创新型人才来推动技术创新和产品研发。目前我国建筑行业由于教育体系不足、行业吸引力不高、技术更新速度与教育培训脱节以及职业形象问题，导致长期面临人才短缺问题。行业内高水平的技术专家和创新型人才数量不足，限制了新技术的应用和转化，阻碍了行业的进步。

针对人才缺失问题，行业应重视人才培养和技术创新，建立专业研发团队，加强对科研人才的培养和引进，鼓励产学研合作，促进高校、科研机构和企业之间的合作交流，以推动科研成果向实际生产中转化，加速新技术和新工艺的应用。同时，加强技术人员的专业培训和实践经验积累，提高他们的技术水平和实际操作能力。此外，引进跨领域人才，推动技术交流和合作，为行业带来新的思维和创新视角，促进技术的跨界融合。最后，建立激励机制，如技术创新奖励措施，激发技术人才的积极性和创新意识，推动行业的技术创新和发展。

### 3.5.2 市场瓶颈：国际市场竞争限制中国陶瓷胶粘剂企业发展

在国际市场上，外国品牌凭借其先进技术和高品质产品，施加了较大的竞争压力，限制了中国企业在国际市场中的份额和竞争力。首先，这种技术和品质上的差距导致中国企业在市场上难以获得相同程度的认可和信任。其次，国际市场对品牌知名度和消费者忠诚度要求较高，这对中国品牌的国际化发展构成了挑战，使其面临着建立和提升品牌声誉的压力。

一些国家的贸易保护主义政策和贸易壁垒进一步加剧了中国陶瓷砖胶粘剂产品的出口困难，增加了企业在国际市场上的销售难度和成本负担。这些因素共同制约了中国陶瓷砖胶粘剂行业在国际市场上的发展，使其难以全面参与并占据更大的市场份额。

### 3.5.3 供应链瓶颈：原材料价格波动制约陶瓷砖胶市场发展

原材料供应链的不稳定性和价格波动对陶瓷砖胶粘剂行业产生了重要挑战。多数企业通常缺乏自主生产原料的能力，高度依赖上游供应链的稳定性。特定原材料的价格和供应情况直接影响生产成本，对高度依赖某些特定原材料的企业尤为突出。这样的依赖性导致企业在原材料供应链上发生波动时难以应对，可能出现生产延误、成本上升以及产品价格不断攀升的情况。

在这种情况下，企业需要更为谨慎地管理成本，密切监控供应链的状态，并积极寻求多元化的原材料来源。这样有助于降低对单一供应链的依赖，降低市场风险，确保生产的连续性和稳定性，以更好地应对不可预见的市场波动。

# 4

# 中国陶瓷砖胶粘剂行业从业人员情况

## 4.1 中国陶瓷砖胶粘剂行业从业人员政策背景

2023年，我国技能劳动者数量超过2亿人，其中高技能人才超过5000万人。从整体就业与经济发展需求角度看，我国的技能人才总量尚显不足，技能劳动者在我国就业人口中仅占26%。“十三五”期间数据显示，我国新增高技能人才超过1000万人，但高技能人才仅占技能人才总量的28%，与发达国家相比，依然存在着相当大的差距。随着发展质量效益提高、经济结构不断调整、产业转型升级，我国对高技能人才的需求将日益旺盛。

近几年我国政府高度重视陶瓷胶粘剂行业人才培养，持续出台并完善一系列政策措施，在教育教学、技能评定、薪酬保障等多个方面大力推进人才培养机制改革，为行业培育更多优秀人才提供有力支持。根据教育部数据，截至2022年，我国职业教育在校生超过2900万人，职业教育已经成为培养高技能人才的重要途径。未来行业将持续推进产教融合，加强企业与高校、职业院校的合作，共同培养符合产业需求的高技能人才。

在教育教学方面，国家大力支持现代职业教育发展，不断扩大职业院校的招生规模。教育部门根据区域产业特点和发展需求，设立针对性强的专业方向，制定科学合理的培养方案，全面提高学生的专业技能和职业素养，为陶瓷砖胶粘剂企业培养懂技术、会操作的高素质技能人才提供坚实的基础。2023年，国家持续扩大职业院校招生规模，通过增加职业院校的招生名额，吸引更多的学生选择职业教育，为企业培养更多的技能人才。同时根据陶瓷砖胶粘剂行业的需求设立针对性强的专业方向，如陶瓷砖胶粘剂工程、材料科学与工程等，培养学生具备行业所需的专业知识和技能。借助教育部门与企业合作，共同制定培养方案，确保学生在学习期间能够获得实践机会，提高实际操作能力。国家大力鼓励社会资本进入职业教育领域，吸引社会资本投资职业教育，增加教育资源投入，提高职业教育的质量和水平，为陶瓷砖胶粘剂行业培养更多高素质的技能人才，推动行业的发展和创新。

在技能评定方面，国务院相关部门制定出台了一系列政策文件，持续深化人才培养机制改革，不断完善职业技能等级标准，建立科学合理的评价考核体系。这些政策文件包括《标准化人才培养专项行动计划（2023—2025 年）》《职业技能等级认定工作规程（试行）》《健全完善新时代技能人才职业技能等级制度的意见》等。这些政策文件充分发挥职业技能等级认定的导向作用，有效提升职业培训质量，推动产教融合、校企合作，促进企业和职业院校成为技术技能人才培养的“双主体”，开展校企联合培养试点。把产教融合、校企合作放在国计民生的层面上统筹，同步规划产教融合与经济社会发展，将教育优先、人才先行融入各项政策；统筹职业教育与区域发展布局，引导职业教育资源逐步向产业和人口集聚区集中；促进高等教育融入国家创新体系和新型城镇化建设；建立紧密对接产业链、创新链的学科专业体系，为培养更多高技能人才提供有力支持。

在薪酬保障方面，我国高度重视建筑业从业者的合法权益，国务院、住房城乡建设部、人力资源部等多部门制定多项规章制度，切实保障建筑业工人的薪酬待遇，平衡收入分配，维护劳动者权益，为行业培育高素质的专业技术人才梯队提供支持。同时完善激励机制，提高高技能人才的薪酬待遇，加大对高技能人才的表彰和奖励力度，吸引更多的人投身于高技能领域。根据国家统计局数据，2022 年我国高技能人才的平均年薪超过 10 万元，比普通职工高出 30% 以上。

2023 年，国家全面提升陶瓷砖胶粘剂行业的人才队伍建设，加大职业教育的投入，提高职业教育的质量和水平，培养更多的高技能人才。加强企业与高校、职业院校的合作，共同培养符合产业需求的高素质技术技能人才。同时完善职业技能等级标准，建立科学合理的评价考核体系，充分发挥职业技能等级认定的导向作用，有效提升职业培训质量，推动产教融合、校企合作。借助各种政策支持，为行业发展提供强大动力，进一步增强企业的核心竞争力和产业的技术创新能力，促进陶瓷砖胶粘剂行业高质量发展（表 4.1）。

**表 4.1 中国人才培养相关政策**

| 政策方向 | 发布时间 | 政策文件 | 发布单位 |
|---|---|---|---|
| 教育教学 | 2004 年 10 月 | 《教育部、建设部关于实施职业院校建设行业技能型紧缺人才培养培训工程的通知》 | 教育部、建设部 |
|  | 2012 年 6 月 | 《教育部关于鼓励和引导民间资金进入教育领域促进民办教育健康发展的实施意见》 | 教育部 |
|  | 2014 年 6 月 | 《国务院关于加快发展现代职业教育的决定》 | 国务院 |
|  | 2019 年 10 月 | 《教育部办公厅等十四部门关于印发〈职业院校全面开展职业培训促进就业创业行动计划〉的通知》 | 教育部办公厅等十四部门 |
|  | 2020 年 7 月 | 《教育部办公厅等六部门关于做好 2020 年高职扩招专项工作的通知》 | 教育部、发展改革委等六部门 |
|  | 2021 年 10 月 | 《中共中央办公厅 国务院办公厅印发〈关于推动现代职业教育高质量发展的意见〉》 | 中共中央办公厅、国务院办公厅 |
|  | 2021 年 11 月 | 《技工教育“十四五”规划》 | 人力资源社会保障部 |
|  | 2022 年 10 月 | 《中共中央办公厅 国务院办公厅印发〈关于加强新时代高技能人才队伍建设的意见〉》 | 中共中央办公厅、国务院办公厅 |
|  | 2023 年 5 月 | 《专业技术人员职业资格证书管理工作规程（试行）》 | 人力资源社会保障部办公厅 |
|  | 2023 年 8 月 | 《中共中央办公厅 国务院办公厅印发〈关于进一步加强青年科技人才培养和使用的若干措施〉》 | 中共中央办公厅、国务院办公厅 |
|  | 2023 年 11 月 | 《标准化人才培养专项行动计划（2023—2025 年）》 | 国家标准委、教育部、科技部、人力资源社会保障部、全国工商联 |
| 技能评定 | 2016 年 3 月 | 《关于深化人才发展体制机制改革的意见》 | 中央办公厅 |
|  | 2016 年 3 月 | 《关于 2016 年深化经济体制改革重点工作意见》 | 发展改革委 |
|  | 2017 年 2 月 | 《国务院办公厅关于促进建筑业持续健康发展的意见》 | 国务院办公厅 |
|  | 2019 年 5 月 | 《职业技能提升行动方案（2019—2021 年）》 | 国务院办公厅 |
|  | 2020 年 4 月 | 《职业技能等级认定工作规程（试行）》 | 人力资源社会保障部 |
|  | 2021 年 3 月 | 《专业技术人员职业资格考试考务工作规程》 | 人力资源社会保障部 |
|  | 2021 年 6 月 | 《“技能中国行动”实施方案》 | 人力资源社会保障部 |
|  | 2022 年 3 月 | 《健全完善新时代技能人才职业技能等级制度的意见》 | 人力资源社会保障部 |
|  | 2022 年 11 月 | 《人力资源社会保障部办公厅关于进一步做好职称评审工作的通知》 | 人力资源社会保障部办公厅 |

续表

| 政策方向 | 发布时间 | 政策文件 | 发布单位 |
| --- | --- | --- | --- |
| 薪酬保障 | 2019 年 12 月 | 《保障农民工工资支付条例》 | 国务院 |
| | 2020 年 12 月 | 《住房和城乡建设部关于加快培育新时代建筑产业工人队伍的指导意见》 | 住房城乡建设部、发展改革委、教育部、工业和信息化部等十二部门 |
| | 2021 年 1 月 | 《关于进一步加强高技能人才与专业技术人才职业发展贯通的实施意见》 | 人力资源社会保障部 |
| | 2021 年 1 月 | 《技能人才薪酬分配指引》 | 人力资源社会保障部 |
| | 2022 年 11 月 | 《国有企业科技人才薪酬分配指引》 | 人力资源社会保障部 |

## 4.2　中国陶瓷砖胶粘剂行业人才用工趋势分析

随着中国城镇化进程不断加快，建筑业得到持续发展，已成为关系国民经济命脉的支柱产业。特别是在国家房地产调控政策推动的城乡建设一体化，进一步带动了建筑业增长。建筑业的蓬勃发展为区域经济增添动力的同时，也给陶瓷砖胶粘剂行业的人才结构调整带来了重要机遇。建筑业需求的拉动作用，将推动陶瓷砖胶粘剂行业优化人才结构，加快培养懂技术、会操作的高素质劳动者和技能人才，也将有力促进陶瓷砖胶粘剂行业实现产业升级，提高核心竞争力。

当前，陶瓷砖胶粘剂行业中，企业用工呈现以下三大趋势。

### 4.2.1　人才缺口持续扩大

人力资源社会保障部数据显示，在 2022 年四季度全国“最缺工”的 100 个职业排行中，64 个属于“生产制造及专业技术人员”，与 2022 年第三季度相比，制造业缺工状况持续，特别受陶瓷砖铺贴工作“脏、乱、差、累”等印象的影响。目前此类从业人员大多都是“70 后”“80 后”，愿意从事该行业的年轻人较少，而部分老师傅思想传统，墨守成规，使工匠队伍老龄化问题越来越严重，铺贴从业人才出现断层，行业处于“青黄不接”的状态。铺贴的从业人员少已然成为陶瓷砖建材行业最大的痛点，而对于施工人员其他技能也提出更高要求，以现场施工人员为例，除了熟练掌握必要的施工技巧，还需要对施工设计等方面有所涉猎，能够在施工过程中灵活处理相关问题，提高施工质量和效率。

目前除了现场施工人员人才短缺，陶瓷砖胶粘剂销售门店专业销售人员同样少之又少。以陶瓷砖胶粘剂销售门店的导购为例，目前对其的要求不仅局限于沟通能力及引流能力，掌握更多的产品使用方法等能力更是重中之重。如此才能更好地与客户进行深入沟通，了解他们的需求，并根据客户的具体情况提供专业的建议和解决方案，通过展示自己对产品的了解和应用能力，增加客户对产品的信任度，从而提高销售的成功率。因此，为使陶瓷砖胶粘剂行业能够实现又好又快发展，行业内对复合型人才的需求将不断加大，相关院校、教育培训机构应加快学科基础建设，着力进行具有复合型人才发展潜力的教育资源整合，形成人才一专多能的教育体系，为行业发展做好人才储备。

### 4.2.2 学历结构不断优化，专业水平不断提升

随着行业发展和技术进步，陶瓷砖胶粘剂行业从业者的学历水平不断提升。较高的学历水平也意味着更广泛的知识储备和更深入的专业技能。学校为从业者提供更全面的教育背景和专业知识，使其更好理解和应对行业内的挑战。具备更高学历的从业者通常在学习和研究方面有更多的经验，更具备创新能力和解决问题的思维方式。此外，学历水平的提升也反映了行业对专业技能和知识的需求不断增加。随着技术的不断发展和产品的更新换代，陶瓷砖胶粘剂行业需要从业者具备更深入的专业知识和技能，以满足客户的需求和解决复杂的问题。

目前在陶瓷砖胶粘剂行业新增从业人员中，受过高等教育的人数比例逐年增加。据统计，近几年行业内新增的就业者中，高校毕业生比例超过一半，可见，陶瓷砖胶粘剂相关的从业者学历水平不断提升，从业人员受教育程度呈上升趋势，有助于提高行业的整体素质和专业水平，提升从业者的实际能力和综合素质，以更好地满足行业的需求和挑战。

### 4.2.3 专业技术人员从技术走向管理

从陶瓷砖胶粘剂行业来看，专业瓷砖铺贴技术人员从技术岗位走向管理岗位

已然成为职业发展路径。专业铺贴技术人员扎根技术领域，拥有丰富的专业知识和经验，而转向管理岗位，可以将技术知识和经验应用于管理工作中，更好地理解客户需求和指导团队的技术工作。所以具备技术背景的人员不仅要能够更好地理解和解决技术相关的问题，而且应具备管理和领导能力。

此外，专业技术人员通常具备解决问题的能力和创新思维，这些能力在管理岗位上同样重要。他们可以运用自己的技术能力和思维方式来解决管理和业务方面的问题，为行业带来创新和改进。同时技术走向管理也需要专业技术人员具备一定的管理和领导能力。因此，专业技术人员在职业发展过程中需要不断学习和培养这些管理能力，以适应管理岗位的要求，包括沟通能力、团队管理能力、决策能力和战略思维等。

目前专业铺贴技术人员从技术岗位走向管理岗位已成为必然趋势。通过将技术知识和管理能力相结合，他们可以在行业中发挥更大的作用，并为行业的发展做出贡献，也进一步推动陶瓷砖胶粘剂行业发展。

### 4.2.4 自动化、智能化崛起，技能人才应转型

随着陶瓷砖胶粘剂行业向自动化、智能化和机械化方向发展，对相关人才的需求大幅增加。为了适应行业发展对人才素质的新要求，应加强新技术新工艺方面的教学和培训，培养具备自动化操作能力的复合型技术技能人才。为此产学研用各方形成合力，以智能制造为导向，建立完善的人才培养体系，包括加强学校教育与企业实践的结合，提供实践机会和项目合作，培养学生的实际操作能力和解决问题的能力。此外，企业应不断加强对员工的培训和提升，提供持续学习和发展的机会，以吸引和留住优秀的人才。同时，行业协会和相关组织发挥桥梁作用，促进企业与学校、研究机构之间的合作，共同推动人才培养和技术创新。

培养适应陶瓷砖胶粘剂行业自动化和智能化发展的人才是必然趋势。通过建立完善的人才培养体系，加强产学研用合作，行业可以培养出具备自动化操作能力的复合型技术技能人才，为行业的可持续发展提供有力的支持。未来，人才需求将与陶瓷砖胶粘剂行业的整体发展方向紧密相关。无论是工厂的智能化生产，还是施工过程中融入现代高科技元素，都将为行业打开广阔的市场前景。届时，自动化、智能化人才的需求量将大幅增加。未来的人才培养也将围绕产业升级方

向进行布局。通过加强新技术新工艺方面的教学和培训，大力培养具备自动化操作能力的复合型技术技能人才，以适应行业发展对人才素质的新要求，陶瓷砖胶粘剂行业才能在激烈的市场竞争中占得先机。

## 4.3 中国陶瓷砖胶粘剂行业从业人员新兴工种分析

陶瓷砖胶粘剂属于传统产业，行业目前已初具规模，所需的主要工种也已具备。随着产品创新、销售模式多元化、新型生产施工工具应用以及大尺寸砖流行，促使现有从业者掌握更多新技能，以适应行业快速发展的需要。例如，智能制造将提升操作工人对自动化设备的运维能力；新材料应用将需要研发人员具备新材料知识；大数据分析将提升管理人员的数据思维能力。持续学习和技能提升将是从业者的必修课，也是企业持续取得竞争优势的关键所在。需要企业加大培训投入力度，与高校、科研院所形成产学研深度协作，共同推动行业工人队伍快速成长，为行业壮大提供人才支撑。

### 4.3.1 产品创新

践行用户思维、贴近用户解决行业痛点，以技术创新引领行业发展。应将用户需求和体验放在首位，通过与用户沟通和市场调研，了解他们的需求和期望，以此为指导进行产品研发和改进。同时，针对陶瓷砖胶粘剂行业中存在的痛点，如粘接强度不足、耐久性差、环保性能不足等问题，进行技术创新和改进。通过研发新的配方、材料和工艺，提高产品的性能和质量，满足用户的需求。其次为了响应国家对陶瓷砖胶粘剂行业的绿色政策的要求，需要行业内从事产品研发设计的相关工种，熟练掌握产品绿色、低碳、环保等性能研发的相关技能。通过选择和应用绿色材料、设计低碳生产工艺、进行环保性能测试和评估、贯彻可持续发展理念、具备创新能力以及与其他部门和供应商协同合作，产品研发设计相关工种可以更好地推动陶瓷砖胶粘剂行业向更加绿色、低碳、环保的方向发展。

未来应持续投入研发资源，推动技术创新。关注行业前沿技术和发展趋势，积极引入新的科技成果和创新理念，开发具有自主知识产权的新产品和新工艺，提升企业的核心竞争力。借助技术创新，引领陶瓷砖胶粘剂行业的发展方向。成为行业内的技术领导者，推动行业向更高水平、更环保、更高效的方向发展。与同行企业和相关机构合作，共同制定行业标准和规范，促进行业健康发展。同时陶瓷砖胶粘剂企业应不断提升产品质量和用户满意度，增强市场竞争力。

### 4.3.2 销售模式

随着直播带货的兴起，带货主播在陶瓷砖胶粘剂行业中的作用逐渐显现。借助直播平台向消费者展示和推销产品，为企业产品的销售提供了新的增长点。借助带货主播直播平台，以直观的方式展示陶瓷砖胶粘剂产品的特点、用途和优势。生动地讲解产品的性能、使用方法和注意事项，让消费者更好地了解产品。同时能够互动和解答疑问，回答消费者关于产品的疑问和关切。借助这种互动增加消费者对产品的信任度，促进购买决策。带货主播可以结合自身的形象和口碑，为陶瓷砖胶粘剂品牌塑造积极的形象。利用推荐和评价对消费者的购买决策具有较大的影响力。

未来带货主播有望成为陶瓷砖胶粘剂行业新兴的人才需求。企业可以通过培训和招募专业的带货主播，利用直播带货的方式提升产品的销售量和知名度。同时，带货主播需要不断提升自己的专业素养和营销能力，以适应行业的发展需求。

### 4.3.3 生产、施工工具

随着新型智能化生产、施工工具的投入使用，掌握智能化设备操作技术的操作人员将成为未来劳动力市场的重要组成部分。陶瓷砖铺贴技术人员需要具备一定的技术和知识背景，熟练掌握智能化设备的操作方法和维护技能，以确保设备的正常运行和生产效率的提高。

2023 年，职业教育和培训机构契合智能化设备操作技术的发展趋势，加强课程设置，将智能化设备操作技术纳入课程体系，加强相关课程的设置和教学，培养学生的实际操作能力和解决问题的能力。同时针对职业教育和培训机构积极引进先进的智能化设备，为学生提供实际操作的机会，让学生在实践中掌握操作技能。此外，职业教育和培训机构持续加强师资队伍建设，招聘具有丰富实践经验和专业知识的教师，提高教学质量，同时加强与企业的合作，了解企业的需求，为企业培养符合要求的操作人员，提高学生的就业率。

### 4.3.4 施工技术

随着大尺寸的大板和岩板、玻化砖等产品成为潮流趋势，对陶瓷砖粘贴人员的施工技术要求提高。为了满足行业内的需求，施工人员需要具备新型砖粘贴的技能。一方面要了解新型砖的材料、结构和性能，以便选择合适的粘贴方法和材料；另一方面需要掌握新型砖的粘贴技术，包括基层处理、胶粘剂的选择和使用、砖缝处理等方面。

未来行业会进一步科学规范铺贴技术施工准则，包括施工工艺、质量标准和验收标准等，以确保施工质量。同时增强安全意识和环保意识，在施工过程中注意安全和环保，避免对人体和环境造成危害。

为了提高施工人员的新型砖粘贴技能，行业应组织相关的培训课程，提高施工人员的技能水平。同时推广新的粘贴技术和材料，让施工人员了解和掌握新技术。进而建立相关的施工标准和规范，让施工人员在施工过程中有据可依。

# 5

# 中国陶瓷砖胶粘剂行业利益相关者态度

## 5.1　陶瓷砖胶粘剂行业利益相关者态度研究设计与实施

### 5.1.1　利益相关者态度研究目的

根据前面对陶瓷砖粘贴产业链和主要利益相关方的分析可知，陶瓷砖胶粘剂作为建筑工程的辅料，其发展与建筑陶瓷市场形势、渠道商和终端用户态度息息相关。全面了解行业利益相关方对陶瓷砖胶粘剂产品的认知水平、品牌印象、推广方式偏好以及合作意愿至关重要。深入了解上下游主体的需求和诉求，有助于企业更精准地制定营销策略、提供个性化解决方案，从而在激烈的市场竞争中获得优势。

### 5.1.2　利益相关者态度研究方法

本研究针对陶瓷企业、渠道商和终端用户三大类型进行了定量调查，采用网络问卷、电话访谈和实地走访等多种方式收集数据，对三类群体的态度和需求进行了分析。研究样本涵盖主要类型和核心用户，具有一定代表性。然而，由于未能覆盖整个行业，分析结果可能无法代表整体情况，也不能排除其他态度和需求的存在。尽管本研究提供了主流分析结果，但仍可能存在未发现的行业内分歧。本书将在后续研究中扩大样本量，努力提供更全面的调查分析。

### 5.1.3　利益相关者态度研究样本设计

1）陶瓷厂：本次调研分别选取高、中、低端陶瓷厂作为样本，其中高端陶瓷厂样本量占比 15%；中端陶瓷厂样本量占比 25%；低端陶瓷厂样本量占比 60%。

2）渠道商：渠道商包含陶瓷销售商、辅料销售商、装修装饰公司和施工单位等。本次选取以上四类渠道商进行调研，其中陶瓷销售商样本量占比 30%；辅料销售商样本量占比 30%；装修装饰公司和施工单位样本量各占 20%。

3）终端业主：本次调研的“终端业主”主要针对的是拥有房产但不具备相关行业专业知识的普通消费者，不包括具有专业背景的人群。鉴于陶瓷砖胶粘剂市场正在由一、二线城市向三、四线下沉，笔者选取最近一年在一至四线城市装修过的业主进行问卷调查，其中各线城市业主样本量比例为 25%。通过对普通消费群体的调研分析，我们能够更清晰地了解当前市场的用户需求和消费态度。这将为企业制定市场策略提供有价值的第一手资料。

## 5.2 陶瓷厂对陶瓷砖胶粘剂的态度

陶瓷企业对胶粘剂的态度与其品牌定位密切相关，但低端品牌与中高端品牌对陶瓷砖胶产品的认知存在显著差异。低端品牌更侧重于成本控制和性价比，选择价格较低、基本要求满足的胶粘剂产品，着眼于利润以维持市场竞争力，对品牌历史和声誉了解较少。而中高端品牌则更注重胶粘剂的技术含量和性能标准，追求产品的高标准和卓越性能，关注品牌信誉和历史，更愿意选择已经得到业界认可的品牌。

在合作态度方面，高端品牌与陶瓷砖胶厂商的合作通常涉及定制化研发和技术支持，追求高标准产品，并建立长期合作关系。这种合作强调严格的品控、共同研发以满足特殊需求，并期望厂商提供持续的技术支持。中端品牌不倾向于定制化研发，对质量和可靠性更为重视。会选择知名陶瓷砖胶粘剂厂商合作，以确保产品质量达标，期待得到更好的施工质量和售后保障；相反，低端品牌更注重价格优势和基本需求满足，在合作中更侧重于获取竞争性价格和量化优势，通常不需要过多的定制化产品或技术支持。

这些差异反映了陶瓷企业在产品选择和合作意愿方面的不同取向，也提示了胶粘剂企业需要因企业定位而采取差异化的沟通策略，以更好地满足各类陶瓷企业的需求和期待。

### 5.2.1 陶瓷厂的产品认知：陶瓷砖胶粘剂认知度提升至 100%

根据对中国陶瓷企业的调研，发现陶瓷厂对陶瓷砖胶粘剂的认知度已提升至100%。然而，不同品牌的企业对胶粘剂的认知和关注程度有明显差异。中高端陶瓷企业注重产品品质和技术要求，对胶粘剂品牌和性能有着更为清楚的认知度，更倾向于选择性能卓越、质量可靠的产品，确保陶瓷砖的牢固粘结和长久耐用。相反，低端陶瓷企业更侧重于成本和大规模销售，对陶瓷砖胶粘剂更看重性价比。这种差异影响了企业在胶粘剂选择上的偏好和重点，这反映了以下几点：

1）中高端陶瓷砖厂商对陶瓷砖胶粘剂有着特定需求，为陶瓷砖胶粘剂厂商提供了深入合作的机遇，可以通过突出产品的独特优势，针对中高端厂商的特定需求提供个性化定制解决方案、全面的技术支持、专业培训以及市场推广策略，同时满足高端市场对于特殊性能和质量标准的追求，提升陶瓷砖胶粘剂在中高端陶瓷砖生产领域的认可度和广泛应用。通过与中高端陶瓷砖厂商的密切合作，陶瓷砖胶粘剂企业能够更好地了解市场需求，精准定位产品，提供符合行业标准和品质要求的解决方案，从而进一步巩固在行业中的竞争优势。

2）低端陶瓷厂商虽然对陶瓷砖胶粘剂产品认知度提升至 100%，但更倾向于便宜的水泥产品，陶瓷砖胶粘剂厂商在与这类厂商合作时，需要提供易于理解的技术支持和培训，注重产品的性价比和使用的简便性。强调陶瓷砖胶粘剂产品发展趋势，协助其更好地接受新的销售模式和服务理念，逐步适应市场变化，并满足不同市场层级消费者的需求多样性。通过直观易懂的技术支持和培训，陶瓷砖胶粘剂企业有助于低端厂商更轻松地理解和应用新的销售模式，促进服务理念的拓展，从而提高产品的市场适应性和吸引力。

3）陶瓷砖胶粘剂行业与建筑陶瓷领域之间的合作与交流对于双方都极为重要，不仅有助于技术创新和产品开发，更能在市场推广和销售方面相互促进。通过与建筑陶瓷行业的密切合作，胶粘剂企业可以更深入地了解市场动态和客户需求，进而调整产品方向、提供更贴合市场的解决方案。而建筑陶瓷领域也受益于与胶粘剂企业的合作，获得更优质、创新的材料，提升产品的性能和质量，满足不断变化的市场需求。这种紧密的合作助力整个陶瓷砖粘贴行业向更高水平发展，推动行业升级与进步（图 5.1）。

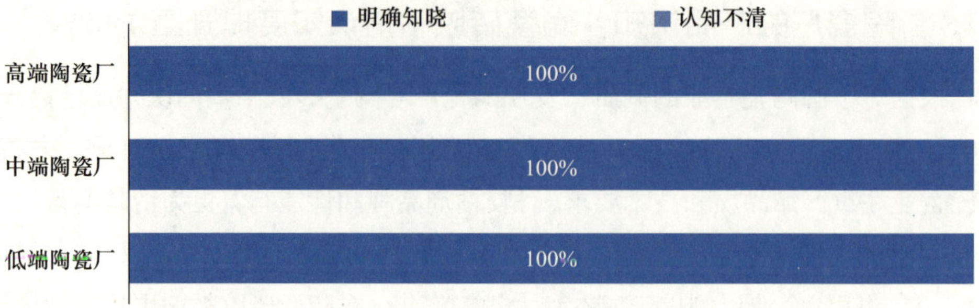


图 5.1 陶瓷厂对陶瓷砖胶粘剂的认知情况

### 5.2.2 陶瓷厂的品牌认知：厂商认知度提升，陶瓷砖胶品牌积极扩展渠道建设

在对陶瓷砖胶粘剂具有明确认知的陶瓷厂中，涉及较多的陶瓷砖胶粘剂品牌包括西卡德高、东方雨虹、马贝、唐姆、三棵树等。这些品牌受到广泛关注的原因包括以下几点。

5.2.2.1 品牌知名度高

这些品牌长期致力于产品创新，在陶瓷砖胶领域享有广泛的声誉和知名度，以其卓越品质、稳定性能和广泛应用而受到业内认可，树立了在建筑装饰领域的领导地位，赢得了广泛的口碑和用户信任。

5.2.2.2 渠道建设能力强

这些品牌在市场上建立了广泛而深入的销售渠道网络，能够灵活地满足各个市场细分领域不同客户的采购需求，覆盖从生产到最终消费者的各个环节，使企业能够更快速地应对市场变化、抓住机遇，并更好地满足消费者需求。

5.2.2.3 产品线丰富

这些品牌在建材行业已经树立了稳固的地位，推出陶瓷砖胶粘剂产品后，能够利用原有渠道资源迅速引入市场，以更强劲的势头进军，借助原有渠道发展陶瓷砖胶产品，加速渗透并扩张市场影响力，进一步巩固品牌在陶瓷砖胶粘剂领域的地位。

5.2.2.4 积极参与行业活动

这些品牌积极参与建材行业的各种展览和活动，通过展示新产品、解释技术优势，强调独特价值，加深了客户对品牌的信任，塑造企业形象，增强品牌曝光度，并积极与潜在客户和行业专家互动交流，建立业务关系，提升品牌在行业内的影响力和知名度。

5.2.2.5 异业联盟

部分品牌与知名陶瓷企业合作或与大型地产公司有密切的合作关系（图 5.2）。这种合作有助于品牌与其他知名企业资源的共享，提高品牌的知名度和影响力，同时也有助于提升产品的市场认可度。

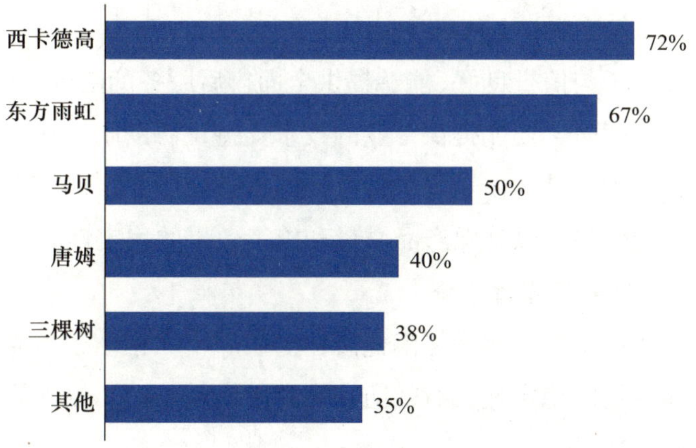


图 5.2 陶瓷厂对陶瓷砖胶粘剂的品牌认知情况

注：

① 品牌提及率 = 品牌提及量 ÷ 明确知晓陶瓷砖胶粘剂的样本总量；

② 其他品牌包括亚地斯、能高、汉高、亿固等。

## 5.2.3 陶瓷厂的推荐态度：厂商推荐意愿不断提升

虽然目前中高端陶瓷厂都明确知晓陶瓷砖胶粘剂产品，但是当涉及“是否愿意推荐用户采购陶瓷砖配套使用陶瓷砖胶粘剂”时，知晓陶瓷砖胶粘剂产品的厂商中，45% 厂商表示拒绝推荐，55% 厂商表示愿意推荐（图 5.3）。表示愿意推荐的主要原因是有以下几项。

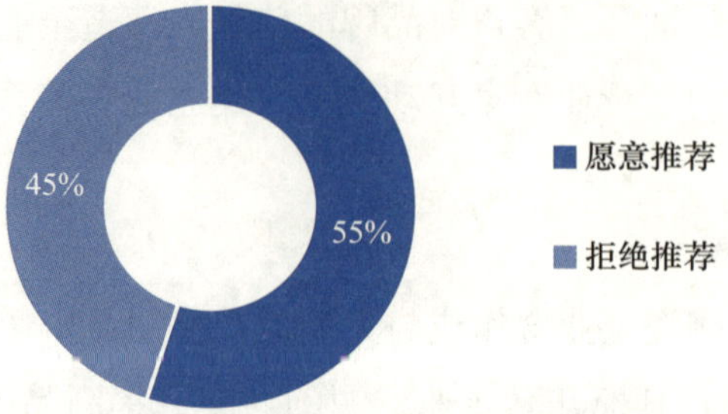


图 5.3　推荐使用陶瓷砖胶粘剂的态度情况

5.2.3.1　供应商信誉与支持服务

陶瓷厂更倾向于与信誉良好、能够提供全面售后服务的陶瓷砖胶供应商合作，在提供陶瓷砖胶的同时，还能提供专业的技术支持，协助解决施工过程中可能遇到的各种问题，并为产品的使用提供持续性的支持与服务，确保产品能够在使用过程中保持良好的效果，以确保产品质量和施工效果的稳定性。

5.2.3.2　安全性和可靠性保证

优质的陶瓷砖胶不仅能够确保陶瓷砖在安装后牢固粘结于墙面或地面，还能加强铺贴面整体结构的稳定性，有效防止陶瓷砖出现松动、掉落等安全隐患，确保用户的安全和舒适。

5.2.3.3　提高施工效率

一流的陶瓷砖胶在施工中表现出色，其优异的粘接效果以及快速干燥的特性使施工过程更加高效，有助于缩短施工周期，提高整体工程的效率与速度。通过迅速黏合，施工人员可以更快地完成陶瓷砖的安装，进而降低工程成本。

5.2.3.4　多样化适应能力

高品质的陶瓷砖胶具有较强的适应性，可以与各种类型和规格的陶瓷砖完美契合。无论是哪种材质或规格的陶瓷砖，都可以通过选用适当的陶瓷砖胶实现牢固黏合，为不同装修风格和需求提供更大的选择空间。

5.2.3.5　强度和耐久性保证

卓越的陶瓷砖胶具备出色的抗拉强度和耐水性，长期保持优异的黏合效果。装饰效果持久耐用，即便经受时间和水的考验，依然保持稳固黏合，确保装饰效果长期美观。

### 5.2.4 陶瓷厂的合作模式：中端品牌倾向于战略合作，高端品牌更倾向于整合营销

在对陶瓷砖胶粘剂“有明确认知”的陶瓷厂中，仅有65%的陶瓷厂表示愿意与陶瓷砖胶粘剂厂商合作，35%的陶瓷厂表示不愿意合作（图5.4）。

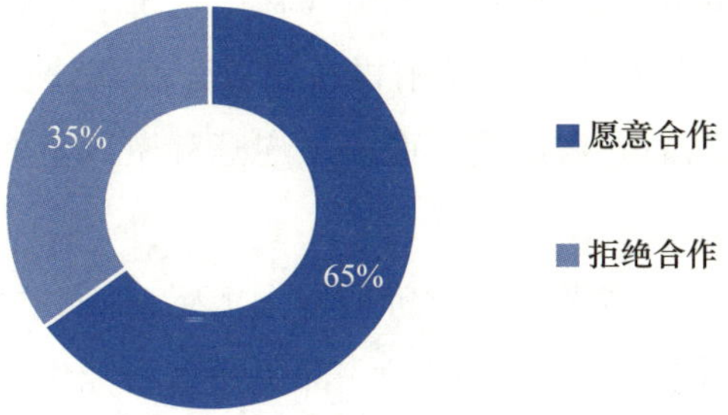


图5.4 陶瓷厂与陶瓷砖胶粘剂厂商的合作态度

（1）愿意合作的陶瓷厂多为中高端陶瓷厂，其愿意合作的主要原因有以下几项：

1）中高端陶瓷厂通常在与渠道商的合作中具有较强的议价能力。这种合作不仅仅是简单的销售关系，更体现为双方间的战略合作。渠道商愿意与公司合作，配合其战略规划，这有助于拓展销售网络，提高产品的覆盖范围，同时也在市场竞争中赢得更有利的位置。这种合作模式有助于企业在市场上保持竞争优势和品牌价值。

2）中高端陶瓷砖厂对辅料的要求更为严格，尤其对陶瓷砖胶粘剂的性能和质量有着更高的期待。通过与陶瓷砖胶粘剂厂商合作销售，能够有效降低铺贴过程中产生的问题，如掉落、空鼓等，这不仅提升了产品的整体品质和可靠性，更有助于打造出更可靠的品牌形象。这样的合作不仅仅是产品的提升，也是品牌在市场上竞争的有力策略。

3）陶瓷厂愿意与陶瓷砖胶厂商合作，特别是开发新产品和定制化产品方面，以满足特殊规格和需求的定制化产品，确保陶瓷产品与胶水的完美匹配。通过技术创新和引入新材料，双方合作可以推动新产品的研发，提供更高性能、更具市场竞争力的解决方案。这种长期合作关系不仅有助于陶瓷厂保持市场竞争力，也

有助于双方在新产品研发和市场推广方面共同成长。

4）高端陶瓷厂所服务的终端消费者往往更注重装修的品质和持久性。其更加了解并关注陶瓷砖胶粘剂产品的质量与性能。因此，与陶瓷砖胶粘剂厂商合作可以更好地迎合这一目标顾客群体的需求，提供更高品质的整体装修方案，进而提升企业在市场中的竞争力。

（2）不愿意合作的陶瓷厂大多为低端陶瓷厂，主要原因有以下几项：

1）低端陶瓷厂主要专注于产品销售，相较于品牌建设，它们往往投入较少的资源与精力。这种局面导致这些厂商不太愿意耗费大量的资金和精力去与陶瓷砖胶粘剂厂商展开合作。

2）在销售过程中，消费者通常对价格较为敏感，他们倾向于价格更低的产品，对陶瓷砖胶粘剂的购买需求不高。同时，部分顾客可能出于预算考量，要求免费赠送陶瓷砖胶粘剂。

3）在辅料品牌选择方面，装修装饰公司扮演着决定性角色。低端陶瓷厂与这些公司之间存在较深的合作关系，因此不愿触及装修装饰公司的利益，尤其不愿因与其合作而影响到陶瓷砖的销售。

4）低端陶瓷厂在与渠道商合作中通常话语权较小。一旦强行要求渠道商代理或捆绑售卖其他产品，很容易导致渠道商的流失，进而影响低端陶瓷厂在市场上的地位和销售。

在合作模式方面，调研结果显示，陶瓷厂在合作模式上展现出多样化倾向，主要包括品牌代理、战略合作和按单合作三种模式。对于高端厂商而言，其更趋向于选择深度合作，即战略合作模式，这意味着在市场策略、产品研发和营销方面与供应商有更密切的合作关系，以共同推动业务增长。中端厂商更偏向选择品牌代理模式，成为特定品牌的代理商或经销商，以加强品牌合作和业务发展。而低端品牌则更加关注短期利益，更倾向于按单合作模式，着眼于即时订单合作，不太倾向于长期合作关系。这些不同的合作模式代表了不同层次陶瓷厂对于合作关系的优先考虑和业务重点（图 5.5）。

表示愿意合作的陶瓷厂对合作方的要求有：提供价格优惠、质量可靠的陶瓷砖胶粘剂产品；需要陶瓷砖胶粘剂厂商提供定期的产品培训、施工指导以及更新的技术信息；售后服务时效高、认真负责。

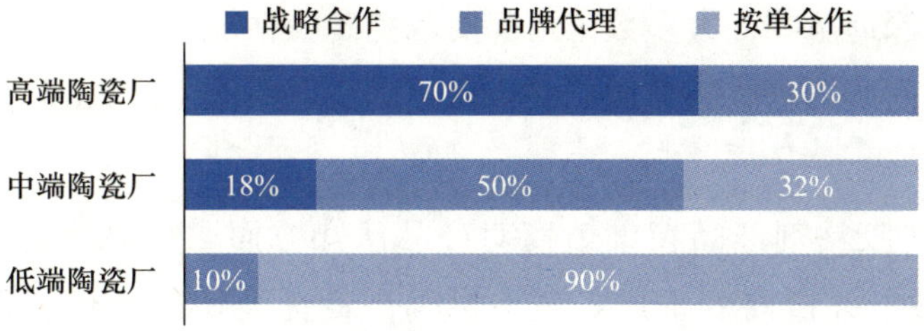


图 5.5　陶瓷厂对合作模式的需求情况

注：

①“战略合作”指陶瓷厂与陶瓷砖胶粘剂厂商在企业层面达成合作；

②“品牌代理”指陶瓷厂允许其渠道商以代理形式，增加陶瓷砖胶粘剂销售业务；

③“按单合作”指根据具体项目情况，与陶瓷砖胶粘剂厂商按项目单次签约、单次合作。

## 5.3　陶瓷砖胶粘剂渠道商对陶瓷砖胶粘剂的态度

综合来看，各类渠道商对陶瓷砖胶粘剂产品的认知度整体有所提高，尤其以辅料专卖渠道最为突出，对产品发展前景也最为乐观。另外，中高端陶瓷销售商和高端装修公司对胶粘剂的认知和期待相对较高，更倾向于采用战略合作和品牌代理的模式与胶粘剂企业合作，以增加利润并提升自身品牌价值。这类渠道商更偏向与全国知名大厂商合作，并期望获得高质量的产品保证。相比之下，低端陶瓷销售商和小型装修公司由于定位和客户群体的差异，对胶粘剂产品的重视程度相对较低。

从调研样本的具体态度和观点来看，有以下几点值得关注。

### 5.3.1　渠道商的产品认知：渠道商认知分化，低级别城市认知待提升

#### 5.3.1.1　产品认知方面

目前陶瓷砖粘贴用到的辅料主要有水泥砂浆和陶瓷砖胶粘剂两种材料，近年来外墙水泥砂浆的禁用政策及陶瓷砖胶粘剂产品在市场推广力度上的加强，对整

个行业产生了深远影响，大多数渠道商对陶瓷砖胶粘剂有着清晰的认知，但低级别城市的渠道商认知程度明显比高级别城市的渠道商低（图 5.6）。这反映出以下几点情况：

1）陶瓷砖胶粘剂产品在渠道商对产品认知方面取得显著进展，但仍需加强向低级别城市渠道商的推广。行业参与厂商需要协同合作，加强对辅料及相关合作渠道中陶瓷砖胶粘剂产品的推广，以更全面地普及产品并促进市场应用。

2）陶瓷砖胶粘剂行业自身的产品管理是确保产品质量和行业规范的重要保障。尤其是在提升市场竞争力的背景下，规范产品品类、性能和型号标准显得尤为迫切，有助于确保产品质量，保障市场稳定发展。

3）陶瓷砖胶粘剂厂商应专注于开发符合国家政策要求的环保、可持续产品。满足国家及消费者对环保产品需求的增长，也有助于陶瓷砖胶粘剂行业在国家环保政策推动下获得更广泛的市场认可和份额。

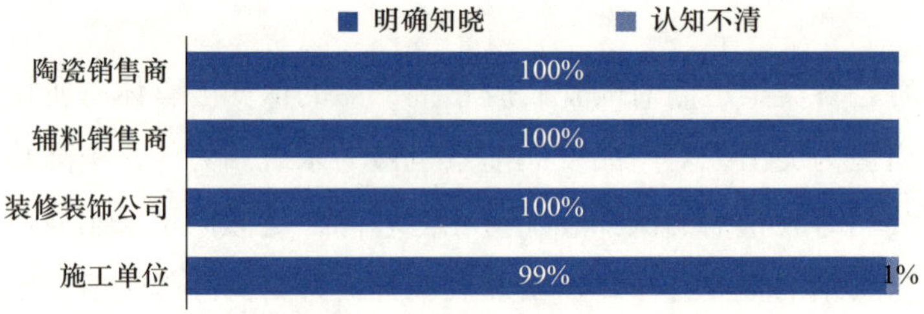


图 5.6　渠道商对陶瓷砖胶粘剂的认知情况

5.3.1.2　*产品优劣势认知方面*

调研得知，渠道商对陶瓷砖胶粘剂产品的观点多半集中在产品的显著优势与潜在挑战上。其明确看到陶瓷砖胶粘剂的显著优势在于施工效率高、无毒环保、牢固可靠的粘贴能力。然而，在这些优势之外，其意识到了一些不足之处。这包括用户对产品了解程度不足、使用环境受限，以及对施工人员操作要求较高。这些挑战性因素意味着需要更有针对性地加强产品的推广与教育，同时要关注产品的适用范围，确保其使用在各种施工条件下都具备实际价值（表 5.1）。

表 5.1　渠道商对陶瓷砖胶粘剂优劣势认知

| 优　势 | 劣　势 |
| --- | --- |
| **绿色环保特性：**高品质陶瓷砖胶产品符合国家环保政策和绿色发展需求。这些产品通常具备低挥发性、无毒无害、对环境友好等特点，在追求绿色施工和可持续发展的背景下广受青睐。<br>**性能优越性：**陶瓷砖胶的粘接强度、施工便利性和干燥速度等性能优势。这些产品能够牢固地固定陶瓷砖，同时具备快速干燥的特性，有助于提高施工效率。<br>**多功能适用性：**优质陶瓷砖胶能与各种类型和规格的陶瓷砖完美契合，适用范围广泛。这种多功能性使其适用于不同场景和项目，满足各种需求。<br>**满足消费者需求：**绿色环保意识的兴起导致消费者对环保产品需求不断增加，提供符合环保标准的陶瓷砖胶有助于满足消费者的偏好，提高市场竞争力 | **价格因素：**对于渠道商来说，一些高品质的陶瓷砖胶价格较高，会限制产品的普及和推广。特别是在低价竞争激烈的市场环境下，这种价格差异可能成为挑战，影响其在市场上的竞争力。<br>**技术支持需求：**渠道商普遍希望获得更多的技术支持，特别是在解决实际应用中可能出现的问题时。其需要更全面、及时的支持，解决各类技术和施工方面的疑难问题，以提高产品的应用性和施工效率。<br>**消费者认知度低：**某些品牌的市场推广力度不足，这导致产品的知名度不高。渠道商希望看到更有针对性和广泛覆盖的市场宣传活动，以提高产品在终端用户中的认知度和接受度 |

## 5.3.2　渠道商的品牌认知：国外品牌认知度较高，国内品牌认知度不断提升

在对陶瓷砖胶粘剂产品有“明确认知”的渠道商中，陶瓷砖胶粘剂品牌提及率较高的有西卡德高、东方雨虹、马贝、雷帝、三棵树、能高等品牌，其中多为外资品牌（图 5.7）。渠道商知晓这些品牌的原因主要有以下几个：

1）持续的品牌投入：这些品牌不断投入资金和资源用于品牌建设，包括品牌形象塑造、产品研发和创新，以及与渠道商的紧密合作。这种长期的投入帮助建立了品牌的稳定性和可信度。

2）优质产品和服务：高知名度品牌往往以高品质的产品和专业的售后服务赢得渠道商的信任。他们提供稳定的产品质量，以及及时的技术支持和售后服务，为渠道商创造了更高价值。

3）有效的市场推广：高知名度品牌拥有全面而有效的市场推广策略。借助广告、促销活动、展会参与等手段，持续性地加强品牌曝光度，使其在行业内广为人知。

4）与渠道商紧密合作：高知名度品牌通常与渠道商保持密切的合作关系，通过提供有效的支持和合作政策，鼓励渠道商积极推广品牌产品，加强了渠道商对品牌的认知和接受度。

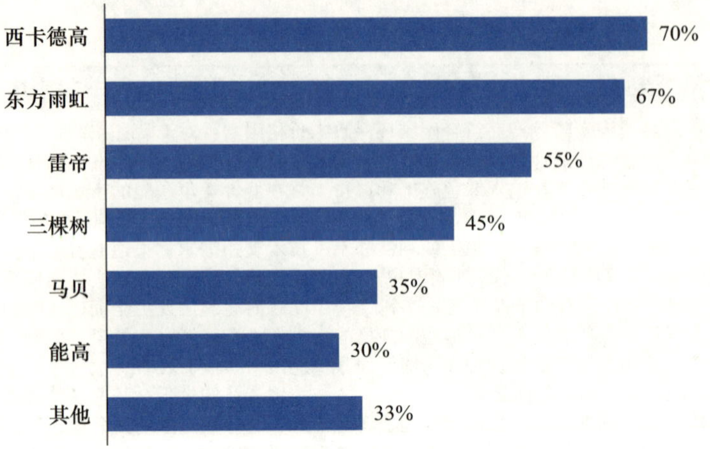


图 5.7 渠道商对陶瓷砖胶粘剂品牌的认知情况

注：

① 品牌提及率 = 品牌提及量 ÷ 明确知晓陶瓷砖胶粘剂的样本总量；

② 其他品牌包括亿固、唐姆、晨光、波士胶等。

### 5.3.3 渠道商的合作模式：继续深耕辅料销售渠道商，继续通过各种模式与其他渠道商建立合作

#### 5.3.3.1 合作意愿方面

对陶瓷砖胶粘剂“有明确认知”的渠道商中，100% 的渠道商愿意与陶瓷砖胶粘剂厂商合作（图 5.8）。原因有以下几个：

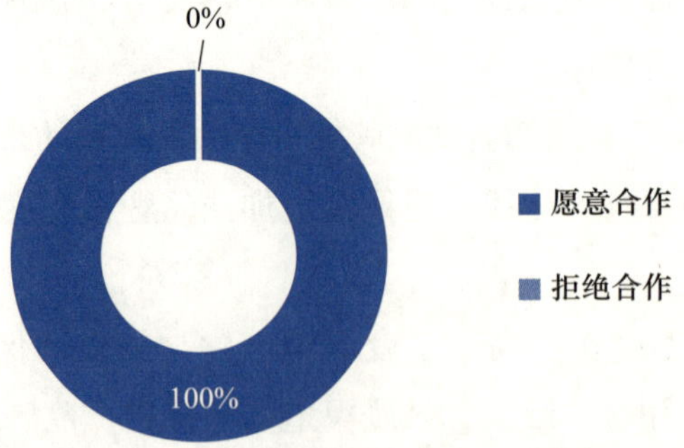


图 5.8 渠道商与陶瓷砖胶粘剂厂商的合作态度

1）品牌知名度与影响力：与知名品牌合作能够提升渠道商的市场声誉和认可度。同时渠道商更倾向于与那些在市场上具有较高知名度和良好口碑的品牌合作，这有助于提高其在客户眼中的信任度。

2）合作政策和支持：品牌方通常提供多种支持政策，例如营销支持、广告支持、售后服务等。这些支持政策能够帮助渠道商更好地促销和推广产品，并提供更好的客户服务体验。

3）稳定的供货和价格优势：合作的品牌方能够提供稳定的供货和有竞争力的价格策略。这使渠道商能够在市场中保持一定的价格优势，并确保有足够的产品供应，满足市场需求。

4）专业的技术支持和培训：品牌方通常提供专业的技术支持和培训计划，帮助渠道商更好地了解产品，解决技术问题，提高销售技能。这种支持能够提高渠道商在销售过程中的自信心和专业度。

#### 5.3.3.2 合作模式方面

调查结果显示，当前渠道商与胶粘剂企业合作的模式主要包括战略合作、品牌代理和按单合作三种。具体来看，辅料销售商和陶瓷砖销售商更倾向于采用品牌代理模式，这种合作模式更为常见。对于装修公司，主要选择战略合作及按单合作，其中，中小型装修公司更倾向于按单合作模式。一些大型连锁装修企业和区域性龙头企业则更愿意与胶粘剂企业建立战略合作关系。渠道商选择合作模式往往与其业务定位和发展方向有关。胶粘剂企业应根据实际情况采取差异化的渠道合作策略。与大型装修企业和销售商的战略合作既有助于获取业务支持，又能有效提升品牌影响力（图 5.9）。

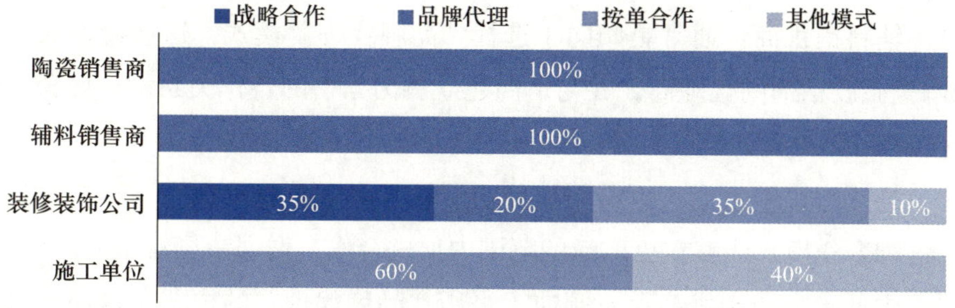


图 5.9 渠道商与陶瓷砖胶粘剂厂商合作现状

愿意合作的渠道商，以辅料销售商、中高端陶瓷砖销售商、大型装修装饰公司为主，主要有以下几个原因：

1）产品优势认可：渠道商通过与客户的沟通和市场调研来了解产品的优势，会进一步强调陶瓷砖胶粘剂相对于传统水泥砂浆的粘结力更强、施工更方便且环保无毒等优点，测试结果或客户反馈证实陶瓷砖胶粘剂在实际使用中的性能优势，从而对产品未来的市场表现更有信心。

2）顾客需求变化：随着消费者对环保和健康的关注不断增加，渠道商注意到市场趋势已经偏向购买环保产品。因此，更倾向于供应符合这种趋势的产品，是愿意与陶瓷砖胶厂商合作的原因之一。提供环保产品，能够满足消费者日益增长的环保意识。

3）合作带来的附加价值：渠道商可以获得与陶瓷砖胶厂商合作所带来的附加价值，比如针对市场推广的支持、定期培训以提高销售技能、供应链的稳定性、灵活的销售政策等。这些额外的支持和服务有助于渠道商进行市场开发。

4）品牌认知和信任：对于渠道商而言，与知名度高且产品质量有保障的厂商合作，有助于提升自身在市场上的声誉和竞争力。因此渠道商更倾向于选择与这样的厂商合作，助于确保产品质量和可靠性，并在一定程度上降低了售后风险。

5）市场潜力和未来发展：渠道商通常会通过市场分析和趋势预测来评估产品在未来市场的潜力。如果其看好某种产品的发展前景，特别是在与当前市场需求和政策趋势相契合的情况下，他们更愿意与厂商建立长期稳定的合作关系。

5.3.3.3　未来合作模式需求方面

在与陶瓷砖胶粘剂厂商合作时，不同类型的渠道商和装修公司往往有不同的合作模式偏好（图 5.10）。

1）辅料销售商：通常更倾向于选择“品牌代理”模式，这样可以成为特定品牌陶瓷砖胶粘剂的代理商，并与厂商建立更为紧密的合作关系，从而获得更多的支持和资源。

2）高端陶瓷销售商：更希望从公司层面与陶瓷砖胶粘剂厂商达成“战略合作”，这种合作模式能够在更广泛的范围内促进合作，增强市场竞争力。

3）中低端陶瓷销售商：更倾向于采用“品牌代理”的模式，这使得其可以依托厂商的品牌优势和资源来提升自身的竞争力。

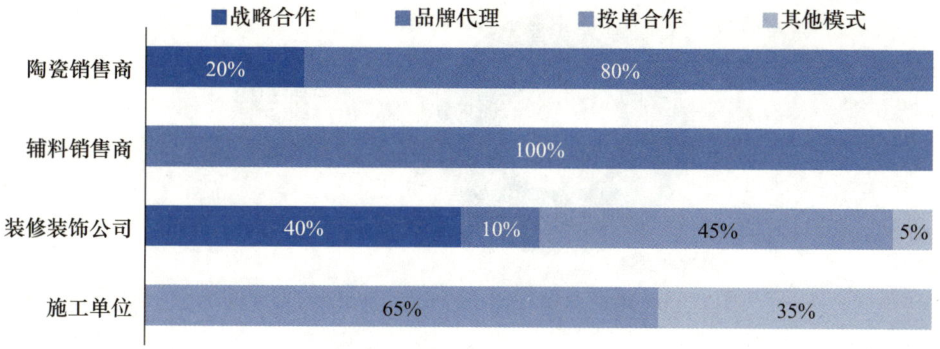


图 5.10 渠道商对合作模式的需求情况

注：

①“战略合作”指渠道商与陶瓷砖胶粘剂厂商在企业层面达成合作；

②“品牌代理”指渠道商以代理形式增加陶瓷砖胶粘剂销售业务；

③“按单合作”指根据具体项目情况，与陶瓷砖胶粘剂厂商按项目单次签约单次合作；

④“其他模式”指与陶瓷砖胶粘剂销售商之间达成松散的合作关系，有需求时优先考虑。

4）全国性和大型装修装饰公司：更倾向于与陶瓷砖胶粘剂厂商达成“战略合作”，因为其能够为厂商提供更大的市场，并从中获得更多的支持和优惠。

5）区域性中小型装饰装修公司：更偏向于“按单合作”的方式。对其来说，能够依托厂商品牌和资源，同时又具备一定的灵活性，更适合满足其需求。

6）施工单位：由于规模较小、利润较低、资金周转困难，更倾向于建立松散的“按单合作”关系或者灵活的合作模式，以降低成本并灵活应对项目需求。

### 5.3.4 渠道商的推广模式：营销力度加大，线上直播、短视频等宣传渠道成为亮点

#### 5.3.4.1 渠道商的推荐态度

对渠道商的调研结果显示，有 75% 的渠道商表示愿意向顾客推荐陶瓷砖胶粘剂产品，其中多数是辅料销售商和大型装修装饰公司（图 5.11）。主要原因可以归结为几个方面：

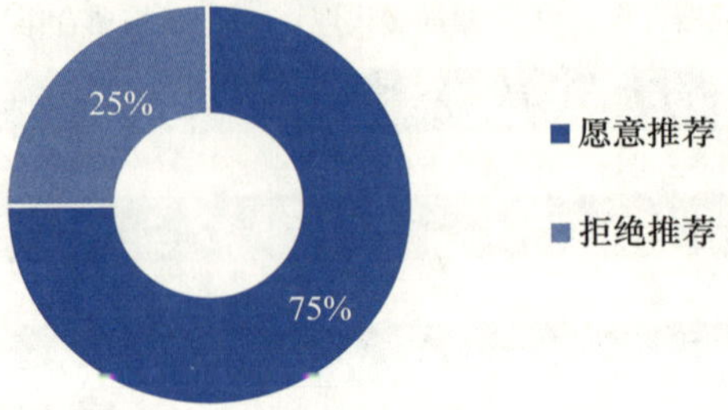


图 5.11 渠道商推荐使用陶瓷砖胶粘剂的态度情况

1）合作关系和支持：渠道商与陶瓷砖胶厂商建立了良好的合作关系，厂商提供了良好的支持和服务，比如市场营销支持、培训、售后服务等为其提供更多的信心和动力来推广产品。

2）优异的性能特点：渠道商了解并信任陶瓷砖胶的优异性能，会向客户强调陶瓷砖胶相对于传统水泥砂浆具有更强的粘结力、施工更方便、使用寿命更长，并且能够提供更持久的固定效果等性能特点。

3）环保和健康考量：陶瓷砖胶无毒环保，符合当今消费者对环保和健康的高度关注，能够吸引更多的消费者，因此愿意向客户推荐。

4）客户满意度和口碑：渠道商会基于客户的反馈和满意度来推荐陶瓷砖胶。如果老客户对该产品给予了正面的评价并反映出良好的使用体验，渠道商将更愿意向新客户推荐这种产品。

5）符合市场发展趋势：针对当前市场趋势，消费者对高性能和高品质的产品有更高的需求。渠道商会关注市场动向，意识到推荐陶瓷砖胶是与市场趋势相符的选择，能够满足客户需求。

5.3.4.2 渠道商推广模式现状

调查显示渠道商主要采用的推广方式中，最常提及的是“线上直播、短视频”，其占比高达 80%。其次是“促销活动”，占比为 65%。这些活动的形式通常是消费者在店内消费满一定金额，即可获得不同价值的礼品或参与抽奖活动。其他常见的推广形式包括“私域流量推广（小红书等）”，占比为 60%。这种宣传形式主要由装修装饰公司或施工单位采用；朋友圈推广占比 50%，这种宣传形式主要体现在装饰公司及销售商推广（图 5.12）。

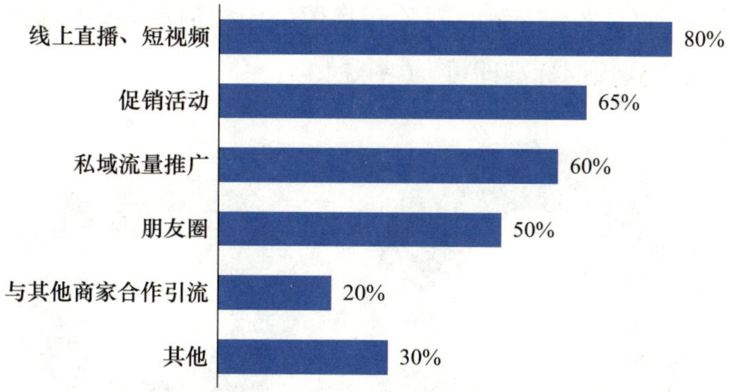


图 5.12 目前渠道商推广方式情况

## 5.4 陶瓷砖胶粘剂终端业主对陶瓷砖胶粘剂的态度

从地域差异来看，一、二线城市业主受教育水平和消费能力影响，对胶粘剂产品的认知和接受度明显高于三、四线城市，具体体现在：产品属性认知更丰富，看好行业发展前景，使用效果评价更优异，胶粘剂品牌认可度也更高。而其他城市业主由于获得信息渠道单一，对胶粘剂产品还停留在模糊印象上。这为胶粘剂企业提供了差异化营销策略指引：在一、二线城市可以大力推广自家品牌，通过各类线下线上渠道进行品牌建设；而在三、四线城市则应注重普及教育，通过多渠道渗透和知识科普，提高产品认知度，打开市场空间。具体来说，企业需要同步深耕辅材渠道，加强与装修公司和施工队合作。特别是要积极运用快手、抖音等新兴媒体，通过直播、短视频等形式进行品牌推广，以适应低线城市用户获取信息的主流方式，从而提高品牌美誉度，推动产品向下沉市场渗透。

从调研样本的具体态度和观点来看有以下几个。

### 5.4.1 终端业主的产品认知：陶瓷砖胶厂商利用新媒体加深业主产品认知

#### 5.4.1.1 *产品认知方面*

在受访的终端业主中，“明确知晓所采用的粘贴材料类型”的业主占 90%，其他 10% 的终端业主“不清楚或不关心具体采用了何种陶瓷砖粘贴材料，只要最终的装修效果达到预期标准即可”（图 5.13）。

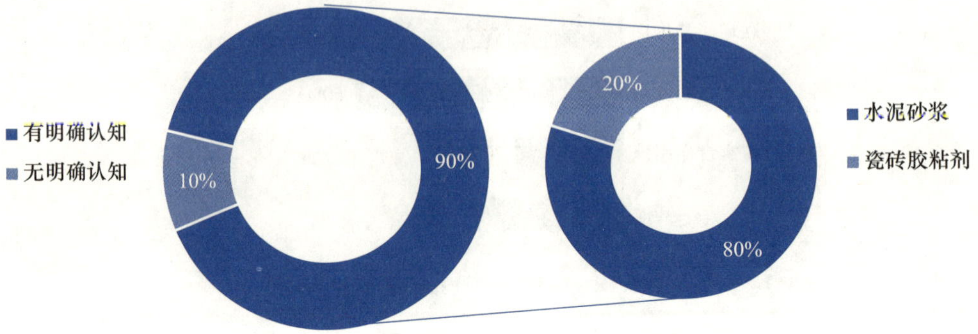


图 5.13　终端业主选用的陶瓷砖粘贴材料情况

从使用的材料类型来看，水泥砂浆仍然是目前最主要的陶瓷砖粘贴材料，使用占比为 80%；陶瓷砖胶粘剂，使用占比为 20%。终端业主对陶瓷砖胶粘剂产品有明确认知的主要原因有以下几个：

1）新媒体推广：品牌方通过新媒体平台的直播带货以及小红书等平台上的软文推广，使业主接触到相关的装修知识和产品信息。通过直播带货，业主可以实时观看专业人士或装修达人对陶瓷砖胶的使用介绍和实际效果展示，从而增强对产品的了解和信任。同时，小红书等平台的软文推广也能够让业主在日常浏览中接触到陶瓷砖胶的特点、使用方法以及用户评价，进而形成对产品的明确认知。

2）环保意识和健康考虑：随着环保意识的提升，业主对于家居装修材料的选择越来越注重环保和健康因素，因此会主动寻求无毒环保的陶瓷砖胶，了解这种产品对居住环境和家人健康的重要性。

3）口碑和推荐：业主通过他人的口碑或专业人士的推荐了解到陶瓷砖胶的优势，并对其产生信任。良好的口碑和他人的推荐会增强业主对陶瓷砖胶的认知和了解。

4）市场趋势和信息获取：业主可能通过网络、社交媒体、装修展览会等多种渠道获取关于装修材料的信息，了解到选择陶瓷砖胶是一种先进、便捷、环保的选择，会根据市场趋势和潮流选择陶瓷砖胶。

5.4.1.2 产品优劣势认知方面

由调研得知，终端业主基本了解陶瓷砖胶粘剂产品的优劣势，优势体现在强大的粘结力、便捷的施工、环保无毒、使用寿命长；劣势体现在价格相对高，使用技术要求高、市场信息不足（表 5.2）。

表 5.2 陶瓷砖胶粘剂的优劣势

| 优 势 | 劣 势 |
|---|---|
| **强大的粘结力：**相比传统水泥砂浆，陶瓷砖胶粘剂具有更强的粘结力，能够更牢固地固定陶瓷砖，减小脱落和开裂的风险。<br>**便捷的施工：**陶瓷砖胶粘剂的施工过程更为便捷，干燥时间较短，工期更短，从而加快了装修进度。<br>**环保无毒：**陶瓷砖胶粘剂具备环保特性，是无毒环保产品，符合环保和健康的高度追求。<br>**使用寿命更长：**陶瓷砖胶粘剂具备更长的使用寿命，能够保持较长时间的稳定性和粘结效果 | **价格相对高：**与传统水泥砂浆相比，陶瓷砖胶粘剂的价格通常较高，这可能影响一些用户的选择，尤其是对预算较为敏感的消费者。<br>**使用技术要求高：**对墙面平整度要求较高，施工过程中需按照固定比例添加水，需要一定的施工技术和操作技巧。操作不当可能影响施工效果。<br>**市场信息不足：**一些业主可能由于对市场信息不够了解，对陶瓷砖胶粘剂的特性和优势不清楚，因而存在一定的疑虑 |

### 5.4.2 终端业主的品牌认知：终端业主的品牌认知有所上升，一、二线城市终端业主认知度相对较高

在使用陶瓷砖胶粘剂的终端业主中，有 40% 的终端业主并不清楚所使用的陶瓷砖胶粘剂的品牌，在清楚地知道所使用的陶瓷砖胶粘剂品牌的终端业主所提及的品牌中，提及率较高的品牌有西卡德高、东方雨虹、马贝、雷帝、三棵树等（图 5.14）。主要原因有以下几个：

5.4.2.1 新媒体推广

知名品牌利用新兴的社交媒体平台如直播平台、小红书等进行品牌推广，精准展示产品特点和使用场景，吸引装修和建材需求的终端业主关注。这些平台传播快、互动性强，通过展示品牌形象和产品特色，生动吸引用户，增强品牌认知度和曝光度。

5.4.2.2 广告和市场宣传

知名品牌通常通过各种媒体进行广告宣传，例如电视、网络、杂志等，以提高品牌知名度。频繁的广告投放和有吸引力的市场宣传能够使业主更容易记住品牌名称和特点。

5.4.2.3　产品质量和口碑

知名品牌往往具备良好的产品质量和口碑，消费者会从自己或他人的使用体验中对品牌产生认知。如果能从他人那里听到过很多积极的评价或者自己有良好的使用体验，他们就更可能记住和信任这个品牌。

5.4.2.4　持续的品牌建设和市场推广

知名品牌通常会进行长期持续的品牌建设和市场推广活动，通过不断的宣传和市场营销，使品牌形象深入人心，提升品牌认知度。

5.4.2.5　产品创新和研发

知名品牌以持续的产品创新和研发作为其竞争优势，推出符合市场需求和消费者喜好的新产品。这些新产品能够提升品牌的知名度和认可度。

5.4.2.6　行业地位和市场份额

在行业内占据领先地位或拥有较大的市场份额的品牌，通常更容易被业主认知。可能在业内拥有更多的声望和知名度，从而被业主所熟知。终端业主提及的陶瓷砖胶粘剂品牌情况如图 5.14 所示。

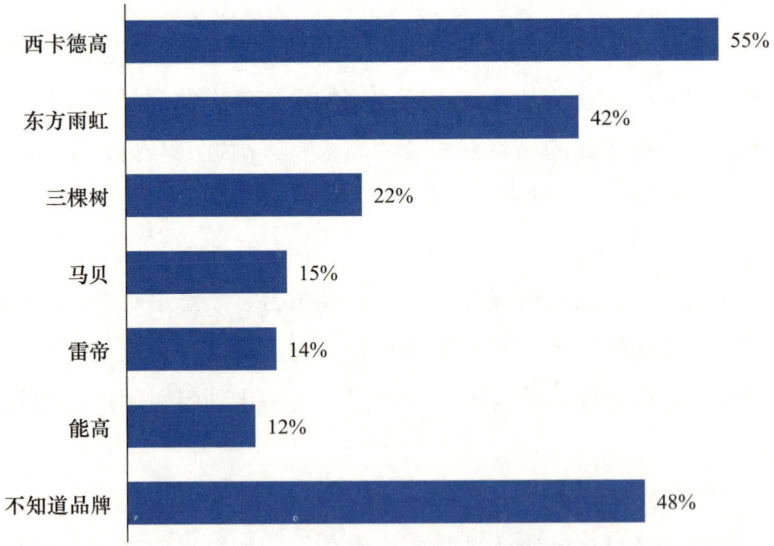


图 5.14　终端业主提及的陶瓷砖胶粘剂品牌情况

注：品牌提及率 = 品牌提及量 ÷ 明确知晓陶瓷砖胶粘剂的样本总量。

### 5.4.3 终端业主的购买方式：终端业主产品认知提升，自主购买比例逐步增加

在使用陶瓷砖胶粘剂的终端业主中，有 74% 的业主选择依赖“装修装饰公司的整包方案或施工单位代为购买”。这些装修装饰公司在推荐陶瓷砖胶粘剂时，对产品销售具有显著推动作用。终端业主倾向于尊重专业装修公司或工长的意见，并根据其建议选择装修材料。因此，陶瓷砖胶粘剂厂商可以通过与装修装饰公司展开整合营销合作，包括提供推广材料、专业培训和优惠政策等，以加强合作伙伴关系，进一步提升品牌认知度和产品推广力度（图 5.15）。

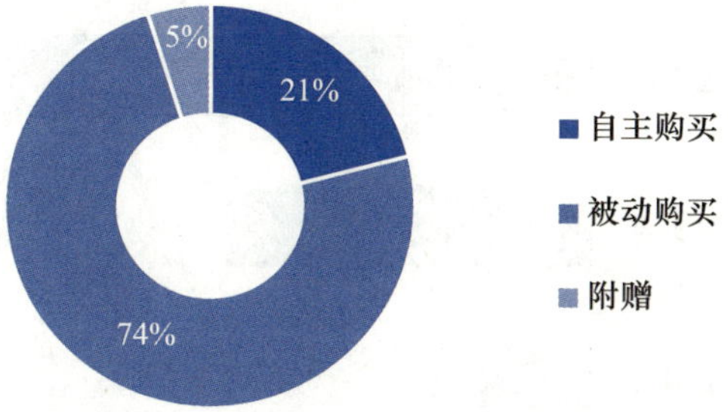


图 5.15　终端业主选购陶瓷砖胶粘剂的方式

21% 的业主选择“自主购买”陶瓷砖胶粘剂产品，其中包括工长的推荐导致业主自行购买。这部分业主在一、二线城市中占比较大，对产品及品牌有更深入的了解，注重性能和品牌，因此拥有独立的选择和决策能力。他们愿意深入了解装修材料，以追求更优质的装修效果。

5% 的业主使用“购买陶瓷砖赠送的陶瓷砖胶粘剂”。一些陶瓷砖销售商在销售陶瓷砖时会附赠陶瓷砖胶粘剂等辅料产品，终端用户在购买陶瓷砖时会要求商家赠送这些辅料产品。

综上所述，不同渠道获取陶瓷砖胶粘剂的业主群体涵盖对装修材料有深入了解、依赖专业意见或通过购买陶瓷砖附赠的情况。因此，针对不同群体的渠道，厂商可以通过多样化的整合营销策略和与装修装饰公司的合作方式提高产品的曝光度和销售渠道。

### 5.4.4 终端业主的购买渠道：装修装饰公司整包模式成为购买主力

调查发现，业主在购买胶粘剂时选择的渠道相当多元。装修装饰公司整包模式作为购买主力，占比 51%，是终端业主装修选择的主要方式（图 5.16）。这种整包模式不仅提供了全面的装修方案，还包括专业的建议和材料选购。在这种模式下，装修公司通常会为业主提供全套装修服务，其中包括陶瓷砖胶粘剂等装修材料的选购和应用。业主倾向于依赖装修公司的专业意见，相信其经验和建议，因此装修装饰公司的推荐成为终端业主购买陶瓷砖胶粘剂等装修材料的主要依据。

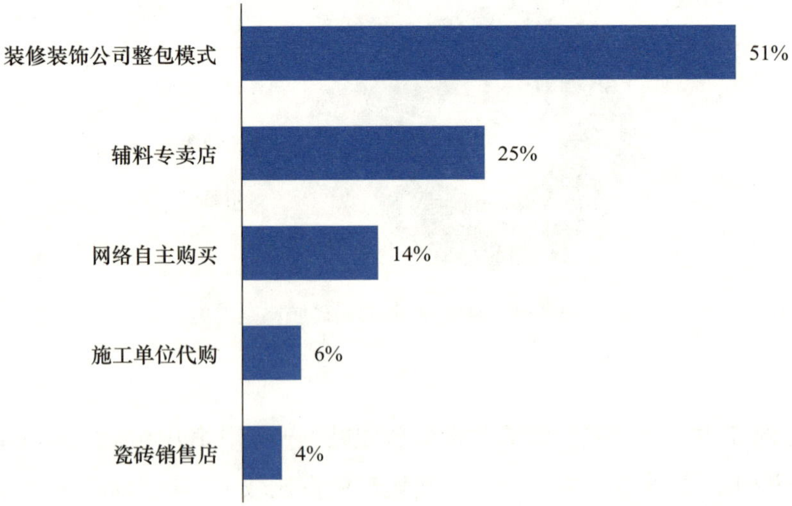


图 5.16 终端业主选购陶瓷砖胶粘剂的渠道结构情况

辅料专卖店作为胶粘剂的销售渠道，占比 25%，通常是业主根据工长的推荐购买。而在已经使用过胶粘剂产品的业主中，一部分会主动选择那些品牌知名度较高、产品口碑良好的胶粘剂产品；另一部分则习惯选择价格相对较低的产品。这显示了胶粘剂企业需要采取差异化的市场策略。

综上所述，陶瓷砖胶粘剂厂商需要在继续深耕辅料销售商渠道的同时，继续加强与装修装饰公司和施工单位的合作关系，积极开拓线上销售渠道，并加大品牌及产品宣传力度。在提升终端业主对产品的认知水平的同时，也要增强品牌的知名度，从而提升产品的销量。

### 5.4.5 终端业主对产品的期望改进：降低产品价格，优化线上购物体验

调研结果显示，终端业主在对产品的期望改进方面主要集中在以下几个方面：第一，62% 的终端业主提及“费用高”问题，主要是因为使用陶瓷砖胶粘剂铺贴陶瓷砖所需的材料费用和人工费用相较使用水泥砂浆更高。第二，有 53% 的终端业主表示“产品品类较少”，目前市场上流通的陶瓷砖胶粘剂产品数量较少且种类单一，无法满足终端业主的多样化需求。第三，48% 的终端业主认为“网上购物体验较差”，主要体现在线上线下产品优惠力度不一，存在价差问题，给业主带来负面印象。同时，业主在线上购物无法准确掌握产品用量，导致退换货时产生高额费用（图 5.17）。

图 5.17　终端业主对陶瓷砖胶粘剂产品期望改进情况

注：其他主要包括提供辅助工具、简化施工工序等。

### 5.4.6 终端业主对产品的推荐态度：多数业主认可产品，愿意推荐亲友使用

调研得知，对陶瓷砖胶粘剂有过了解的终端业主被问及“是否愿意推荐亲友采购陶瓷砖配套使用陶瓷砖胶粘剂”时，使用过陶瓷砖胶粘剂产品的业主中，70% 业主表示愿意推荐。表示愿意推荐的主要原因有以下几个（图 5.18）：

（1）陶瓷砖胶粘剂配比简单，质量稳定，相比于传统的混合调配方式，陶瓷砖胶粘剂的使用更为便捷，且具有更高的质量稳定性。

（2）陶瓷砖胶粘剂粘结牢固，可采用“薄贴”法，节约空间，增加房屋使用面积，相较于传统的水泥砂浆等辅料，这是陶瓷砖胶粘剂的一个明显优势。

（3）陶瓷砖胶粘剂具有高粘贴强度，避免了空鼓、掉砖、滑移等问题。其耐水、防潮和抗老化等特性，使得使用效果远超过传统的水泥砂浆等辅料。

（4）陶瓷砖胶粘剂施工效率高，施工速度是水泥砂浆的两倍以上，同时风干时间较短，节约施工时间，提高工作效率。

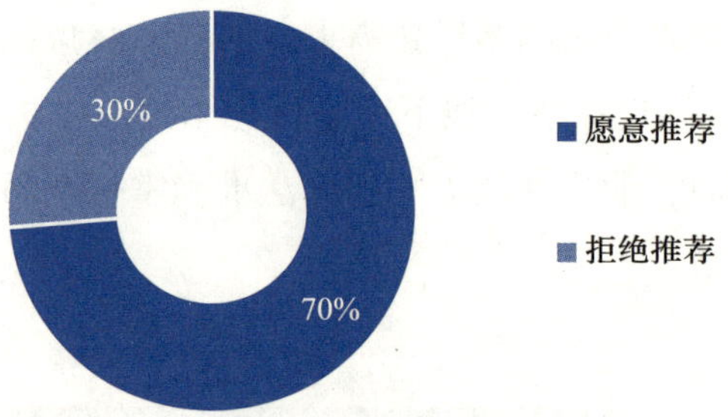


图 5.18　推荐使用陶瓷砖胶粘剂的态度情况

## 5.5　利益相关者态度对行业的启发及警示

本次调研选取部分陶瓷企业、渠道商和终端用户进行问卷调查，旨在分析其对胶粘剂产品的态度，以提供行业发展建议。尽管未实现全覆盖，但从代表性样本的反馈中，我们仍能够观察到以下几种情况。

### 5.5.1　消费者 / 终端业主

启发：消费者日益重视产品的性能和质量，对于环保、耐久性等特性的需求持续增长。将促使厂商不断致力于提升产品品质和进行创新研发，以满足市场对更环保、更高效产品的需求。例如，消费者越来越关注陶瓷砖胶的持久性和环保性，鼓励厂商开发更耐久、环保的胶粘剂。

警示：消费者对品质和性能的要求不断提高，这意味着产品必须符合更高的标准。产品质量下降将导致市场口碑下降和竞争力减弱。因此，对产品质量和性能的不懈追求是确保市场份额和消费者信任的重要因素。

### 5.5.2 渠道商

启发：专业的装修公司和施工单位更注重产品性能和施工便捷性。其选择和意见对产品推广起到关键作用。其会选择那些易于使用且性能卓越的陶瓷砖胶粘剂，以提高施工效率并确保施工质量；渠道销售商是连接厂商与终端用户之间的重要纽带，应加强对其产品知识和专业能力的提升，以更好地向终端用户传递产品信息和优势，满足不同用户的需求。

警示：如果产品不能满足专业装修公司和施工单位的需求，可能导致合作关系破裂，影响品牌声誉和市场份额。因此，与专业市场保持紧密合作，并为其提供符合要求的产品是至关重要的。渠道销售商如果缺乏对产品的充分了解和专业知识，将导致错误的产品宣传和销售，影响用户体验和市场声誉。因此，应加强渠道销售商培训力度，避免误导消费者选择不合适的产品。

### 5.5.3 陶瓷厂商

启发：陶瓷砖胶厂商应致力于产品创新和优化。关注产品与陶瓷砖的兼容性，确保其配合性、性能和质量。不断提升研发水平，适应不同类型陶瓷砖的需求，将有助于增强产品的市场竞争力。不仅要满足市场需求，还要追求技术进步，以满足多样化的市场需求，从而实现品牌的长期稳定发展。

警示：忽视产品研发和质量控制可能导致产品与陶瓷砖不匹配，从而引发施工问题和用户投诉。产品品质问题可能严重损害品牌声誉，导致市场份额下降。因此，陶瓷砖胶厂商必须致力于提高产品的质量和适应性，以满足市场变化和专业施工需求。同时，关注并严格遵守环保标准和质量监管，以避免可能的质量问题，确保产品符合相关标准，维护良好的品牌形象。

# 6

# 行业政策及展望

# 6.1 行业政策环境展望

## 6.1.1 中国建材行业政策导向

2021 年 3 月 13 日，《中华人民共和国国民经济和社会发展第十四个五年规划和 2035 年远景目标纲要》正式发布，强调了高质量发展、创新驱动、经济结构优化升级以及生态保护和可持续发展等重要目标。中国建筑材料联合会与相关单位为了贯彻国家发展策略，推进建材行业转型升级，共同制定了《建材工业“十四五”发展实施意见》，并于 2022 年 9 月 2 日正式发布。该意见为整个行业和企业提供了明确的发展和转型方向，预示着行业将继续高速发展。大规模的高品质产品、国际标准产品以及小型创新产品都将得到更多的资源支持。行业将融合绿色与低碳技术，大力推动数字化与技术创新，同时与国际市场进一步结合。

6.1.1.1 推进绿色低碳转型与产业结构优化，提前实现碳达峰

实现碳达峰、碳中和是党中央统筹国内外局势做出的战略决策，为整个行业和企业提供了明确的发展和转型方向。建材工业作为典型的资源能源承载型产业，是实现碳达峰、碳中和目标的关键领域。“十三五”以来，建材工业绿色发展成效显著，万元增加值综合能耗和二氧化碳排放总体呈现下降态势。然而，建材行业仍然是工业部门中能源消耗、二氧化碳排放和污染物排放总量的前三位，成为绿色低碳发展的重要瓶颈。

2021 年 12 月 29 日，工业和信息化部发布《“十四五”原材料工业发展规划》。文件指出：为确保 2030 年前实现碳达峰，鼓励有条件的行业、企业率先达峰，将持续开展绿色建材认证，推动建材行业向协同处置废弃物的循环经济发展模式转变，拓展绿色建材等成熟产品内需市场，将绿色低碳作为高质量发展的首

要准则，强调构建新的发展格局，实现“宜业尚品”的行业愿景，聚焦绿色、低碳的长远发展，需要实施节能降碳增效，优化能源结构，提高资源利用率，推广绿色低碳建材，推进超低排放改造以及绿色矿山建设。

伴随着产业集中化的趋势，建材行业中的领军企业将通过并购、整合、重组等方式逐渐形成更大规模的生产基地，从而在生产、供应链、销售等环节中实现规模效益，降低成本，提高竞争力。同时国家鼓励大宗产品和大型优质企业发展，将对产品的品质和标准提出更高要求，使建材行业在技术上不断进步，向智能化、绿色化和高效化的方向发展。这将导致整个建材行业在产品质量、安全性、环保性等方面得到进一步提升。

另外，面对全球对环境保护和绿色发展的关注，建材行业将加大对绿色建材、低碳技术和循环利用的研发和推广力度，满足市场和政策的需求。大型优质企业通常具有更强的资金和技术背景，使其在国际市场上有更好的竞争地位。这将促使建材行业的龙头企业积极开展国际化布局，寻找全球化的市场和资源。鼓励产业集中化将导致建材行业的上下游产业链得到更好的整合，从原料提供到产品销售都将形成更加紧密、高效的协同作用。

未来，随着绿色建筑和可持续发展理念的推广，建材行业的环保、节能技术将得到快速发展，将推动陶瓷砖胶行业向更环保、更低碳的方向发展，以适应绿色建筑和可持续发展的要求。

6.1.1.2　*后疫情经济弱复苏*

2023 年，中国经济呈现了分化型的弱复苏状态，尽管疫情防控逐渐平稳，但全年 GDP 预计仅增长 5.3%，两年平均增长 4.1%，呈现出分化型弱复苏状态。这种弱复苏状态背后涵盖三股力量的作用：首先，疫情后社会秩序的全面恢复带动了生产和消费的正常化，为经济复苏提供了动力。其次，市场内生的总需求不足成为一个制约因素。最后，新发展格局的推进促使高质量发展扎实推进。社会秩序恢复作为主要推动力量，内生动力不足，导致经济总体呈现弱复苏。

在这一状态下，经济表现出四个显著特点：经济复苏过程是波浪式和曲折式的，显示了强烈的时点性，如春节和暑期消费的高增速；当前复苏与传统经济复苏模式出现多处背离，如交通数据与经济增速之间的差异；经济复苏呈现明显的分化态势，如接近政策支持的行业和新动能行业表现较好；经济复苏在宏观与微观层面上感受差异大，特别是中下游民营经济对复苏的体感不强，企业家的信心修复进展缓慢。

2024 年中国宏观经济的前景有望改善。一方面，周期性因素下库存周期和资产负债表修复已经开始筑底上行，同时出口和房地产投资的压力预计会减缓。另一方面，新发展格局的深入构建将为国内新动能的不断聚集提供支持。经济增速的进一步上行将带来新的均衡状态，各行业有望从分化状态进入平衡增长阶段，中下游民营企业的经济复苏体感将提升，进而助推预期修复，带动经济进入正向循环，三重压力也会得到缓解。

6.1.1.3 构建安全可控的产业体系，增强国际竞争力

2022 年 12 月 29 日发布的《建材行业标准化工作三年行动方案（2023—2025）》提出开展标准国际化跃升行动，加强标准国际交流与合作，通过标准“走出去”带动建材企业、产品和工程“走出去”，提高行业参与国际竞争的能力。强化与“一带一路”国家的产业结合，满足全球市场需求，并利用我国绿色低碳技术装备优势。在关键领域提供境外工程承包和其他相关服务，主要针对有市场需求和合作潜力的发展中国家，同时也努力进入发达国家市场。构建互惠互利的产业和供应链合作框架，促进双向贸易和投资，加速融入“双循环”新的发展模式，并增强行业在全球的资源配置能力。全方位提升我国建材企业的国际品牌知名度，加强社会责任感，并创建一批国际级的优质建材品牌。

在新材料领域，如工业陶瓷、玻璃纤维、绝热材料和建筑玻璃等，我国已牵头组织制定了 35 项 ISO 国际标准。同时，针对建材行业的重要领域，积极进行了国际与国外标准的对比分析，建材行业的国际标准转化率已高达 87.04%，超过了工业制造业的平均水平。为满足“一带一路”倡议的需求，编制发布了 52 项建材行业的国家和行业标准英文版，其中有八项水泥国家标准被蒙古国直接采纳，并已正式发布和实施，这在中外标准互认领域标志着重要突破。

6.1.1.4 供给侧持续改革

在供应方面，房地产市场表现相对疲弱，购房者观望情绪重，政策效果尚不明显。然而，建材产业结构持续优化，内生动力成为行业稳增长的支持。制造业消费中，建材产品的比重增加，促进了行业市场结构调整。

2023 年，尽管面临多方面挑战，建材行业通过稳定生产、保障供给和调整

结构，加快了绿色低碳的转型，整体经济运行保持稳定。供给侧结构性改革在促进产业升级和绿色发展方面取得了初步成果。同时，结构性问题得到了供给侧结构性改革的持续解决。在过去，中国经济主要依赖投资驱动，但现在市场结构逐渐向投资支撑、消费促进和出口调节的平衡型模式转变。供给侧结构性改革正在推动市场结构的调整，实现多元化市场的发展，为经济的稳定运行和发展转型提供支持。此外，供给侧结构性改革推动了行业内外的创新和升级。建材行业不断丰富产品种类，扩大应用领域，特别是在制造业消费中，建材产品的比重逐渐增加。供给侧结构性改革在激发创新活力和升级产品结构方面发挥了积极作用。

2024 年，供给侧结构性改革仍然将是中国经济发展的重要驱动力。产能过剩问题的解决、产业结构的进一步优化、创新能力的提升以及绿色发展的推进将继续是供给侧结构性改革的核心目标。目标到 2025 年，建材加工制品业占比计划达到 60%；水泥熟料总产能控制在 18 亿 t 以下，能效达标产能比例 30%；水泥行业累计完成清洁生产改造 8.5 亿 t 熟料产能；平板玻璃行业能效达标产能比例 20%；建筑卫生陶瓷行业能效达标产能比例 30%。严格落实产能政策、提升能效水平、加大清洁生产改造力度等举措，推动建材行业结构性优化，建立现代化产业体系。随着供给侧结构性改革的深入推进，中国经济有望更好地适应新的市场需求，实现高质量的增长，为经济的可持续发展奠定坚实的基础。因此，供给侧结构性改革将继续在中国经济弱复苏的背景下发挥关键作用，助力经济走向更为稳健的未来。

（1）热点事件 1：质量强国

国务院于 2023 年 2 月 6 日发布了《质量强国建设纲要》。从 1996 年的《质量振兴纲要》到 2012 年的《质量发展纲要》，再到如今的《质量强国建设纲要》，27 年来，质量观念持续创新、质量含义日益丰富，质量标准逐步提升。在此过程中，中国的品牌已深入经济与社会进程，成为推进质量建设的关键环节。《质量强国建设纲要》提到，到 2025 年，质量整体水平进一步全面提高，中国品牌影响力稳步提升，要形成一大批质量过硬、优势明显的中国品牌；到 2035 年，质量强国建设基础更加牢固，先进质量文化蔚然成风，质量和品牌综合实力达到更高水平。贯彻质量强国战略，推动经济发展质量效益型转变，是当前和今后一个时期的重大战略任务。要增强质量发展的内生动力，以创新驱动、绿色发展、提升人民获得感为导向，增强发展质量和效益。

在产业层面，强化质量基础设施建设，提升产业集群的质量水平和引领力，增强区域产业质量竞争新优势。在产品层面，提高重点产品质量安全水平，推动产品向中高端迈进。在建设工程领域，要强化工程质量管理，推动建材提质增效，打造品质卓越的中国建造。在服务领域，要提升生产生活服务的专业化和品质，满足人民对美好生活的向往。在企业层面，大力提升品牌建设和质量管理水平，培育具有国际竞争力的世界一流企业。在质量基础设施层面，要推动质量基础设施的能力建设和服务提升，提供强大支撑。在治理体系层面，要健全质量法规政策体系，提高质量监管效能，推动形成质量共治格局。

《企业品牌培育指南》《品牌管理要求》等国家标准于2020年、2021年相继发布，为加快打造优秀品牌，做强中国品牌，推动高质量发展奠定了坚实基础。在品牌建设过程中，企业需要注意三点：第一，提高兑现承诺的能力。企业要在生产和产品全生命周期内不断完善和丰富品牌的价值主张，并确保有能力实现对消费者的各种承诺，以提升消费者的品牌体验。第二，凸显品牌的独特卖点。每个企业都有可能通过自身战略定位和资源优势，打造品牌独特的价值卖点。企业要能够规划和创新这些独特价值，以此塑造品牌的核心魅力；第三，让目标消费者认知和信任品牌价值。企业要通过品牌推广和维权保障，以及合理的价格定位、渠道策略等，让消费者清晰地感知、记住并理解品牌的独特价值主张，对品牌产生信任。

随着《质量强国建设纲要》的正式出台，我国将全面开展质量强国建设，这将对各行业特别是制造业产生深远影响。纲要的实施将促进陶瓷砖胶等建材细分行业提质增效，推动产业转型升级，陶瓷砖胶企业将根据纲要要求，全面加强质量管理体系建设，优化工艺流程，提高产品一致性。同时，行业技术创新也将加速推进，更多绿色环保和高性能陶瓷砖胶产品不断涌现。此外，纲要提出的质量标准体系建设，也将促使陶瓷砖胶标准进一步完善和规范。在更加完备的质量监管下，低端产能将被逐步淘汰，陶瓷砖胶产业整体技术水平将得到提高。到2024年，我国将初步形成质量管理科学、质量环境良好的陶瓷砖胶产业格局，为行业高质量发展奠定坚实基础。相关企业也将在品牌建设、绿色制造等方向获得新的发展动力。

（2）热点事件2：碳达峰

工业和信息化部、发展改革委、生态环境部于2022年11月7日联合印发《工业领域碳达峰实施方案》(以下简称《方案》)。作为“1+N”体系下工业部门的旗舰双碳政策文件,《方案》提出了减碳目标和力度,即确保在 2030 年前工业部门碳达峰,同时要求工业部门在碳达峰之前的减排力度超过全社会水平,并明确到 2025 年规模以上工业单位增加值能耗需较 2020 年下降 13.5%,与“十四五”规划的要求一致;《方案》体系化地呈现了工业部门的脱碳解决方案和重点行业的实施路径。

《方案》按照国家总体部署,结合建材行业实际情况,提出 2030 年前建材行业实现碳达峰,鼓励有条件的行业率先达峰,并提出“强化总量控制、推动原料替代、转换用能结构、加快技术创新、推进绿色制造”五方面重点任务。同时,提出“十四五”“十五五”两个阶段的主要目标。“十四五”期间,水泥、玻璃、陶瓷等重点产品单位能耗、碳排放强度不断下降,水泥熟料单位产品综合能耗降低 3% 以上。“十五五”期间,建材行业绿色低碳关键技术产业化实现重大突破,原燃料替代水平大幅提高,基本建立绿色低碳循环发展的产业体系。

随着建材行业进入高质量发展新阶段,要在保障高质量有效供给的基础上,按要求有序实现碳达峰、碳中和。总体来看,随着发展方式转变,需求结构升级,面向建筑业的水泥等传统建材产品,需求量将进入平台调整期,呈现稳中有降的态势;面向节能环保、电子电器等新兴产业的矿物功能材料、高性能纤维及复合材料等产品的需求量仍将保持持续快速增长。充分利用“双碳”目标对建材行业产业革新带来的机遇,在发展中促进绿色转型,在绿色转型中实现更大发展,扎实推动建材行业高质量发展。

为实现建材业的碳达峰,需要以控制总量为基础,特别是要严格限制水泥、平板玻璃等高排放产业的生产规模。政策和标准的导向需要淘汰落后生产能力,严格执行产能替代政策,并对关键行业进行严格监管。在建材业碳减排方面,核心策略是推动原材料替代。可以通过提高钙资源在水泥原材料的替代率、支持协同处理项目、推广新型低碳胶结材料等方法,减少碳酸盐原料的使用及其排放。

在 2030 年碳达峰后,中国工业部门将迎来更为艰巨的目标——碳中和。为此,政府正积极推进下一代低碳技术研发,旨在构建一个以企业为核心,结合产学研协同创新与上下游协作的低碳技术创新体系。要达到工业部门的净零排放,关键在于在多个领域取得技术突破，如绿色氢能技术、碳捕集、新型储能技术等，这涉及对基础部件、关键材料和低碳技术的深入研究（表 6.1）。

**表 6.1 中国环保政策汇总**

| 发布时间 | 政策文件 | 发布单位 |
|---|---|---|
| 2015 年 9 月 | 《中共中央 国务院印发〈生态文明体制改革总体方案〉》 | 国务院 |
| 2016 年 3 月 | 《国民经济和社会发展第十三个五年规划纲要》 | 发展改革委 |
| 2016 年 7 月 | 《“十三五”环境影响评价改革实施方案》 | 环保部 |
| 2016 年 7 月 | 《重点行业挥发性有机物削减行动计划》 | 工业和信息化部、财政部 |
| 2016 年 10 月 | 《全国生态保护“十三五”规划纲要》 | 环保部 |
| 2016 年 11 月 | 《“十三五”生态环境保护规划》 | 国务院 |
| 2016 年 12 月 | 《中华人民共和国环境保护税法》 | 全国人大常委会 |
| 2017 年 1 月 | 《国务院关于印发“十三五”节能减排综合工作方案的通知》 | 国务院 |
| 2017 年 2 月 | 《全国农村环境综合整治“十三五”规划》 | 环保部、财政部 |
| 2017 年 2 月 | 《国家环境保护“十三五”环境与健康工作规划》 | 环保部 |
| 2017 年 2 月 | 《城市环境空气质量变化程度排名方案》 | 环保部 |
| 2017 年 2 月 | 《京津冀及周边地区 2017 年大气污染防治工作方案》 | 环保部 |
| 2017 年 3 月 | 《关于利用综合标准依法依规推动落后产能退出的指导意见》 | 发展改革委等十六部委 |
| 2017 年 4 月 | 《国家环境保护标准“十三五”发展规划》 | 环保部 |
| 2017 年 4 月 | 《重点行业和流域排污许可管理试点工作方案（征求意见稿）》 | 环保部 |
| 2017 年 4 月 | 《关于支持首批老工业城市和资源型城市产业转型升级示范区建设的通知》 | 发展改革委 |
| 2017 年 5 月 | 《排污单位自行监测技术指南总则》 | 环保部 |
| 2017 年 5 月 | 《关于京津冀及周边地区执行大气污染物特别排放限值的公告（征求意见稿）》 | 环保部 |
| 2017 年 5 月 | 《工业节能与绿色标准化行动计划（2017—2019 年）》 | 环保部 |
| 2017 年 8 月 | 《关于推进供给侧结构性改革，防范化解煤电产能过剩风险的意见》 | 发展改革委等十六部委 |
| 2017 年 9 月 | 《“十三五”挥发性有机物污染防治工作方案》 | 环保部等六部委 |
| 2017 年 9 月 | 《关于深化环境监测改革提高环境监测数据质量的意见》 | 国务院 |
| 2017 年 10 月 | 《关于加快推进环保装备制造业发展的指导意见》 | 工业和信息化部 |
| 2018 年 6 月 | 《关于全面加强生态环境保护坚决打好污染防治攻坚战的意见》 | 国务院 |
| 2018 年 8 月 | 《生态环境监测质量监督检查三年行动计划（2018—2020 年）》 | 生态环境部 |

续表

| 发布时间 | 政策文件 | 发布单位 |
| --- | --- | --- |
| 2018 年 10 月 | 《中华人民共和国大气污染防治法（2018 年修正）》 | 全国人大常委会 |
| 2018 年 12 月 | 《“无废城市” 建设试点工作方案》 | 国务院 |
| 2019 年 1 月 | 《建立市场化、多元化生态保护补偿机制行动计划》 | 发展改革委等九部委 |
| 2019 年 1 月 | 《国务院办公厅关于印发“无废城市”建设试点工作方案的通知》 | 国务院办公厅 |
| 2019 年 4 月 | 《地下水污染防治实施方案》 | 生态环境部等五部委 |
| 2019 年 5 月 | 《城镇污水处理提质增效三年行动方案（2019—2021 年）》 | 住房城乡建设部等三部委 |
| 2019 年 6 月 | 《中央生态环境保护督察工作规定》 | 国务院 |
| 2020 年 8 月 | 《住房和城乡建设部等部门关于加快新型建筑工业化发展的若干意见》 | 住房城乡建设部 |
| 2021 年 2 月 | 《国务院关于加快建立健全绿色低碳循环发展经济体系的指导意见》 | 国务院 |
| 2021 年 5 月 | 《住房和城乡建设部等 15 部门关于加强县城绿色低碳建设的意见》 | 住房城乡建设部等十五部门 |
| 2021 年 6 月 | 《国家机关事务管理局 国家发展和改革委员会关于印发“十四五”公共机构节约能源资源工作规划的通知》 | 机关事务管理局、发展改革委 |
| 2021 年 6 月 | 《生态环境部 中央文明办关于推动生态环境志愿服务发展的指导意见》 | 生态环境部、中央文明办 |
| 2022 年 1 月 | 《环保装备制造业高质量发展行动计划（2022—2025）》 | 生态环境部等四部门 |
| 2022 年 1 月 | 《农业农村污染治理攻坚战行动方案（2021—2025）》 | 生态环境部等五部门 |
| 2022 年 2 月 | 《关于加快推进城镇环境基础设施建设的指导意见》 | 国务院办公厅 |
| 2022 年 3 月 | 《国家发展改革委等部门关于推进共建“一带一路”绿色发展的意见》 | 生态环境部等四部门 |
| 2022 年 4 月 | 《“十四五” 城市黑臭水体整治环境保护行动方案》 | 生态环境部、住房城乡建设部 |
| 2022 年 4 月 | 《关于同意开展第二批生态环境导向的开发（EOD）模式试点的通知》 | 生态环境部、发展改革委、国家开发银行办公室 |
| 2022 年 6 月 | 《黄河流域生态环境保护规划》 | 生态环境部等四部委 |
| 2022 年 9 月 | 《污泥无害化处理和资源化利用实施方案》 | 发展改革委、生态环境部、住房城乡建设部 |
| 2022 年 11 月 | 《深入打好重污染天气消除、臭氧污染防治和柴油货车污染治理攻坚战行动方案》 | 生态环境部等十五部门 |
| 2022 年 12 月 | 《关于进一步完善市场导向的绿色技术创新体系实施方案（2023—2025）》 | 发展改革委、科技部 |

续表

| 发布时间 | 政策文件 | 发布单位 |
| --- | --- | --- |
| 2023 年 5 月 | 《工业领域碳达峰碳中和标准体系建设指南（2023 年本）》 | 工业和信息化部 |
| 2023 年 5 月 | 《生态环境行政处罚办法》 | 生态环境部 |
| 2023 年 8 月 | 《绿色低碳先进技术示范工程实施方案》 | 发展改革委 |

## 6.2 行业经济环境展望

2023 年上半年，中国经济呈现出稳定增长的态势，消费也在稳步回升。进出口贸易在全球经济疲软的背景下下滑，但有望回升。制造业和基建投资保持领先，成为经济增长的关键驱动力。然而，房地产市场持续低迷，房企资金面依然紧张。建材行业面临挑战，但转型升级的积极变化正在发生。陶瓷砖胶行业作为建材行业的一部分，需求有望回升，但仍需关注房地产市场的影响。

预计下半年，消费市场将继续复苏，进出口有望进入修复通道，而基建投资将继续发挥稳增长的关键作用。总体而言，经济发展呈现出稳定增长的趋势，但仍需应对各种挑战。

### 6.2.1 经济稳健增长，消费稳步回升

2023 年，我国 GDP 增速目标为 5%，上半年实现同比增长 5.5%，在恒大出现危机之后，M2（广义货币）增速就一直处于强拉动中。但另一方面，全球在美联储的加息下，我国选择了降息策略来促进投资和内需消费循环，即便存在人民币贬值的压力，但是 LPR（贷款市场报价利率）处于长期下行趋势，而且极有可能未来仍有一定的调低空间。在当前宏观经济增速面临下行压力的背景下，进出口贸易在中美贸易摩擦的影响下仍然承受重压，正努力稳步前行。为应对这些挑战，我国实施了宽松的货币政策，将 LPR 保持在较低水平，并发行万亿规模的国债，为经济注入了活力。

社会消费品零售总额增长 8.2%，表明消费市场持续回暖，这是一个积极的信号。随着疫情影响的逐步消退，人员流动加快，消费结构也发生了积极变化，

餐饮、住宿、旅游等服务消费快速恢复。同时，就业形势持续改善，上半年全国城镇调查失业率降至 5.5%，这也有助于提高居民的消费信心和能力。

下半年消费市场有望继续复苏，消费将成为拉动经济增长的关键动力。这是因为，随着经济的逐渐恢复和居民收入的增加，人们的消费需求将逐渐释放。此外，政府也在采取一系列措施，如促进消费升级、扩大内需等，以推动消费市场的发展。

### 6.2.2 “一带一路”带动增长，出口规模稳步回升

2023 年，我国的出口景气在经历了前几年的波动后迎来了显著的好转。据统计，9 月以美元计价的出口同比下降 6.2%，较 8 月的 8.8% 有所改善。同时，9 月的出口环比增长额达到 143 亿美元，这是近年来同期的最高值，远高于 2018 至 2022 年的平均值 69 亿美元，这一数据不仅好于市场预期，而且高于季节性变动的一般水平。

2023 年，中国出口的增长与“一带一路”倡议之间存在紧密关系。自“一带一路”启动以来，它在扩大中国出口贸易方面发挥了重要作用，特别是在基础设施连通性和产业合作方面。这一倡议有效地促进了高科技产业的发展，并推动了高附加值产品出口的快速增长。2023 年 10 月 18 日在北京举行的第三届“一带一路”论坛是一个里程碑事件，有来自 140 多个国家的 4000 多名代表参加。在此论坛上，签署了总计 972 亿美元的合作项目，中国发布了 89 份多边合作文件和 458 项具体合作举措。这一论坛凸显了中国投资策略的转变和“一带一路”的演变性质，更多地专注于可持续和技术先进的倡议。例如，旨在增强连通性的欧亚物流走廊和旨在通过更新的数字平台促进贸易的丝路电子商务区。我国政府和人民通过“一带一路”，倡导建设一个开放包容、互联互通的世界，加强与各国的政策沟通和贸易畅通，为世界经济增长注入新动能。

2023 年 11 月 24 日，“一带一路”建设工作领导小组办公室发布了未来十年的发展展望，重申对“一带一路”高质量发展的承诺，展示了中国在全球经济一体化中的积极角色和对国际合作的坚定支持，概述了未来十年的发展思路、原则理念、发展目标和重点领域。发展思路强调统筹各方面因素，原则理念坚持共商共建共享、开放绿色廉洁、高标准惠民生可持续，发展目标包括互联

互通、务实合作、提升人民获得感、推动开放型经济新体制、深化人类命运共同体理念，重点领域涵盖政策、设施、贸易、资金融通、民心、绿色、数字、创新、健康等合作。

“一带一路”倡议正在积极影响中国经济的整体环境。通过加强国际合作和互联互通，中国不仅巩固了其在全球经济中的重要地位，还为参与国家提供了发展新机遇。2023 年，“一带一路”的重点转向了连通性、绿色增长和数字经济等主题，表明其不断发展的愿景。从传统的基础设施项目转向数字连接、标准化、教育项目和文化交流，预计将进一步提升我国的出口贸易，通过创造新市场和渠道来推广我国的产品和服务。

### 6.2.3 房地产低迷，基建投资持续增长

在经济下行压力较大的环境下，中国制造业投资显示出强大韧性。2023 年上半年，制造业投资同比增长 6.0%，高技术产业投资增速达 12.5%，明显快于全行业水平。这主要得益于装备更新换代的需求旺盛以及政府鼓励高技术产业发展的政策红利。2023 年下半年，在融资环境趋于宽松的背景下，高技术和装备制造业投资将继续带动制造业投资保持较快增长。

中国的房地产投资同比下降 7.9%，降幅较一季度有所扩大。房地产市场持续低迷，房企资金面依然紧张，尽管融资环境略有改善，但仍面临较大压力。预计 2023 年下半年，随着政策利好的有序释放，房地产市场有望企稳，但房地产投资在短期内仍将维持较低位运行态势。

与此同时，基建投资增长 10.7%，继续发挥稳增长的关键作用。在地方政府专项债发行快速推进以及重大项目建设加速的带动下，基建投资将保持在较高位运行。预计 2023 年下半年，基建投资有望在经济下行压力加大的背景下继续发力，对稳定经济增长具有关键作用。

在 2023 年的中央财经工作会议上，重点强调了风险管理和控制，尤其是防止房地产泡沫进一步膨胀及解决潜在风险的方案。会议提倡通过监管与控制建立长期机制以稳定房地产市场的预期。具体措施包括加大土地供应和推动住房租赁市场的发展。主要任务是保持房地产市场的稳定，确保房屋的交付，并进行房地产企业的重组。

近期，房地产政策呈现出一些新的变化和发展。在中央层面，大城市正在推动规划建设保障性住房，同时城中村改造方案明确了三类推进方式。中央金融工作会议特别强调了促进金融与房地产之间的良性循环。在地方层面，10 月的政策频次有所下降。其中，杭州收窄了限购范围，上海优化了金山区三个重点区域的人才购房政策。同时，上海和北京对住房公积金贷款套数认定标准进行了优化。成都实行了公积金“认房不认贷”的政策。此外，成都、济南、合肥等地取消了地价上限。

受优质改善项目的推动，10 月百城新房价格环比有 0.07% 的小幅上涨，涨幅略有扩大。同时，二手房的挂牌量也有所增加，但价格已连续下跌了 18 个月。在销售方面，2023 年 10 月的数据显示，重点 100 城新建商品住宅的成交面积环比增长了约 5%，在低基数的影响下，同比降幅收窄至约 12%。部分重点城市的政策效果并未持续显现，市场活跃度相比 9 月有所回落。具体到各线城市，10 月一线城市在低基数的基础上显示出同比增长，而二线和三四线城市则呈现同比下滑的态势。

从政策和市场走势来看，政策方面的趋势是以稳定房价、促进需求、稳定主体和防风险为目标，继续降低首付比例、降低房贷利率和降低交易税费仍将是核心城市支持刚性和改善性住房需求的重要措施。另外，为了更好地满足改善性住房需求，预计限价政策将得到优化，以促进高品质住房价格回归市场。在市场趋势方面，当前市场环境下，除了个别城市政策进一步显效，多数城市市场仍面临调整压力。如果一线城市的政策得到进一步优化，一线城市市场有望逐渐企稳恢复。同时，受低基数影响，预计四季度的降幅会逐步收窄，2023 年全国商品房销售面积可能会达到 11 亿 $m^2$。

（1）利好政策鼓励买房

全国多地陆续实施首套房商贷“认房不认贷”政策，房贷利率降至历史低点，首套和二套房首付比例也降至下限水平。部分城市跟进执行公积金贷款“认房不认贷”政策，上海和北京优化公积金贷款套数认定标准，12 个二线城市取消限购政策，广州、杭州、成都等城市大幅优化限购政策。多地房地产政策已基本放开，仅有约 10 个核心城市还保持着一定的限制性政策（表 6.2）。

为支持刚性和改善性住房需求，核心城市将继续采取降低首付比例、房贷利率和交易税费等措施。同时，预计将优化限价政策，推动高品质住房价格回归市场。

随着房地产政策的进一步放宽和优化，以及利率和首付比例的降低，市场购房需求可能会逐渐释放，促使房价更为合理，并为房地产市场带来新的发展机遇。同时，一线城市和部分热点二线城市的政策调整，有望提升市场活跃度，推动房地产市场走向更为健康和可持续的发展道路。未来房地产市场的投资和发展策略也将呈现新的趋势和特点。

表 6.2 部分城市取消限购政策

| 城市 | 日期 | 政策内容 |
|---|---|---|
| 长沙市 | 2023 年 1 月 12 日 | 长沙市下发《依法生育两个及以上子女的本地户籍家庭购买商品住宅实施细则》，明确依法生育两个及以上子女的本市户籍家庭，符合二孩及以上家庭购房政策认定条件的，可在原有家庭限购 2 套的基础上增加 1 套购房指标，长沙市户籍家庭购买限购区域第三套商品住房不受缴交社保或个税、房屋网签或办理不动产证时间等限制 |
| 济南市 | 2023 年 1 月 18 日 | 济南市进一步优化房地产市场政策措施。对限购区域内已有 3 套及以上住房的，出售 1 套后，可于半年内在限购区域再购买 1 套住房。继续优化非本市户籍居民购房政策，非本市户籍家庭在济南市限购区域内购房，不用再提供个人所得税或社会保险证明 |
| 武汉市 | 2023 年 2 月 5 日 | 武汉市印发《关于激发市场主体活力推动经济高质量发展的政策措施》，提出在武汉市住房限购区域购房的居民家庭可新增一个购房资格，在非限购区域拥有的住房不计入居民家庭购房资格认定套数，非本市户籍居民家庭在限购区域购买首套住房的可实行购房资格“承诺办、容缺办” |
| 赣州市 | 2023 年 2 月 7 日 | 章贡区、赣州经开区、蓉江新区已停止实行新建商品住房和二手商品住房限购政策 |
| 沈阳市 | 2023 年 2 月 20 日 | 沈阳市印发《实施积极生育支持措施促进人口长期均衡发展实施方案》，提出落实支持多孩家庭购买自住住房的政策，对生育二孩、三孩未满 18 周岁的居民家庭在沈阳行政区域内已拥有 2 套住房的，可在沈阳限购区域内再购买 1 套新建商品住房 |
| 扬州市 | 2023 年 2 月 20 日 | 扬州市出台《关于积极支持刚需和改善性住房需求的通知》，取消所有人员限购 |
| 厦门市 | 2023 年 3 月 1 日 | 厦门市印发《关于优化生育政策促进人口长期均衡发展的实施方案》提到，拥有二孩及以上的我市户籍家庭符合条件的，可购买第 3 套自住商品住房 |
| 深圳市 | 2023 年 3 月 10 日 | 深圳市深汕特别合作区住房建设和水务局发布《关于积极支持刚性和改善型住房需求的通知》，通知涉及放开限购，暂停对自然人实施商品住房限购，即无须提供无房证明 |

续表

| 城市 | 日期 | 政策内容 |
| --- | --- | --- |
| 无锡市 | 2023 年 3 月 16 日 | 无锡市发布《关于进一步促进房地产市场健康发展若干措施的通知》，其中提到：放松限购，非本市户籍家庭提供半年及以上居住证明，可购一套新建商品住房；尚未落户但长期在无锡居住且具备落户条件的非本市户籍家庭可购第二套新建商品住房。同时，优化住房限购范围，梁溪区、滨湖区、新吴区的部分街道及锡东新城、惠山新城调整为不限购区域 |
| 厦门市 | 2023 年 3 月 28 日 | 厦门户籍单身人士可购买第二套住房 |
| 沈阳市 | 2023 年 3 月 28 日 | 沈阳市印发《关于促进我市房地产市场良性循环和健康发展的通知》。其中提出，对和平、沈河、铁西、皇姑、大东、于洪等六区（不含二环外）实施限购政策，浑南区、沈北新区、苏家屯区正式取消限购 |
| 郑州市 | 2023 年 4 月 3 日 | 郑州调整限购范围，二环外取消限购 |
| 合肥市 | 2023 年 4 月 4 日 | 合肥调控政策有所调整：第一，在芦阳区大杨镇、三十岗乡，蜀山区小庙镇，包河区肥河镇、大圩镇购买住房不限购。第二，刚需资格认定中“登记购房之日前 3 年内拥有市区连续缴纳 2 年以上个人所得税或社会保险证明”调整为“登记购房之日前 3 年内拥有市区累计缴纳 2 年以上个人所得税或社会保险证明（追溯补缴不予认可）”。第三，有 60 岁及以上成员的合肥市区户籍居民家庭，可购买第 3 套住房。有未成年子女的二孩及以上多子女合肥市区户籍居民家庭，可购买第 3 套住房。第四，对持有安徽省居住证且居住地址在安徽省合肥市的非合肥市户籍居民家庭，可在合肥市限购区域购买 1 套住房 |
| 杭州市 | 2023 年 4 月 13 日 | 杭州限购区域再次调整，钱塘区的下沙街道和河庄街道加入差异化限购的范围，外地户籍只需 1 个月社保即可购买该区域内新房或二手房，本地户籍无须社保，购买二套不受落户 5 年限制。2022 年 9 月，白杨、义蓬、新湾、临江、前进等街道宣布放松限购，至此杭州钱塘区全域放松限购 |
| 杭州市 | 2023 年 4 月 22 日 | 杭州市临平街道已经加入临平区限购放宽圈，提到放宽限购条件，把南范、乔司、星桥、崇蛋、东湖、运河、塘栖等镇街归为限购放宽圈。外地户籍只需 1 个月社保即可购买临平区的新房或二手房，本地户籍无须社保，购买二套也不再受落户 5 年限制 |
| 广州市 | 2023 年 4 月 25 日 | 广州南沙区放松限购。具体细则为，外地人在南沙购房社保年限由 5 年改 3 年，即外地人在广州连续缴纳 3 年社保，符合一定条件就可在南沙购买一套房；外地人只要在南沙有社保或税单，符合一定条件也能在南沙买一套房 |
| 宁德市 | 2023 年 5 月 10 日 | 宁德市出台《关于进一步促进中心城区房地产市场平稳健康发展的若干意见》明确，全面放宽商品住房的限购政策，在宁德市中心城区购买商品住房不受户籍和套数的限制 |
| 南京市 | 2023 年 5 月 16 日 | （1）南京户口，不管名下有几套房，均可开具产业聚集区（江心洲、南部新城红山新城、幕府创新区）购房证明，这也意味着能在产业聚集区再买一套；<br>（2）离婚不足 2 年，夫妻两人离婚后在产业聚集区能各买一套房 |

续表

| 城市 | 日期 | 政策内容 |
|---|---|---|
| 杭州市 | 2023 年 5 月 18 日 | 杭州市余杭区瓶窑镇及中泰街道等放松限购，外地居民社保满一个月即可购房，本地户籍居民家庭落户不用满 5 年即可购第 2 套房 |
| 杭州市 | 2023 年 5 月 19 日 | 萧山区闻堰街道加入放松限购区域。放松限购区域内只需缴纳一个月社保或落户即可购买新房，购买二套住房不受落户满 5 年的限制 |
| 杭州市 | 2023 年 8 月 7 日 | 杭州市余杭区闲林街道天目山西路以南区域街道加入余杭区限购放宽圈 |
| 嘉兴市 | 2023 年 8 月 25 日 | 嘉兴市发布《嘉兴市关于进一步促进房地产市场平稳健康发展的措施》，支持所有居民家庭的合理购房需求，不再限制购房套数 |
| 福州市 | 2023 年 8 月 30 日 | 福州市出台《福州市人民政府办公厅关于调整优化房地产政策措施促进房地产市场平稳健康发展的通知》，提到居民家庭生育二个孩子及以上，其中一个（或一个以上）孩子未成年的，根据子女出生医学证明或户籍证明等，可在限购区域内再购买 1 套 $144m^2$ 及以下商品住房（含二手住房） |
| 天津市 | 2023 年 9 月 1 日 | 天津市发布《关于进一步调整优化房地产政策更好满足居民刚性和改善性住房需求的通知》，优化区域限购措施，将天津市住房限购区域调整为市内六区 |
| 沈阳市 | 2023 年 9 月 4 日 | 沈阳市发布《关于进一步支持刚性和改善性住房需求的通知》，明确沈阳市取消二环内限购政策，至此沈阳全域放开限购 |
| 大连市 | 2023 年 9 月 7 日 | 居民家庭在市中山区、西岗区、沙河口区购买商品住房的限购政策解除，居民家庭在大连市购买商品住房的，不再受住房总套数限制，至此大连全面解除限购 |
| 南京市 | 2023 年 9 月 7 日 | 自 9 月 8 日起，南京市玄武区、秦淮区、建邺区、鼓楼区等四区范围内购买商品房不再需要购房证明。而在此之前，南京的江北、江宁、栖康、雨花台、六合、溧水、高淳区已取消限购。这也意味着，南京限购政策全面取消 |
| 兰州市 | 2023 年 9 月 9 日 | 兰州市发布《关于进一步促进房地产市场平稳健康发展的若干措施》，提到取消现行限购措施 |
| 苏州市 | 2023 年 9 月 8 日 | 苏州市印发《关于促进全市经济持续回升向好的若干政策措施》，提到为满足改善性住房需求，对于购买 $120m^2$ 及以上商品住房不再进行购房资格审核 |
| 济南市 | 2023 年 9 月 11 日 | 取消二环以内的历下区、市中区区域购房限制。至此，济南全域已全面放开限购 |
| 青岛市 | 2023 年 9 月 11 日 | 青岛市住房和城乡建设局官方微信发布消息调整优化青岛市房地产政策，其中提到，调整住房限购区域，将市南区、市北区（原四方区域除外）移出限购区域，全域取消限购政策 |
| 福州市 | 2023 年 9 月 11 日 | 市鼓楼区、台江区、仓山区、晋安区、马尾区范围内购买商品住房（含二手住房），不再审核购房人资格，至此，福州全面解除限购 |

续表

| 城市 | 日期 | 政策内容 |
| --- | --- | --- |
| 郑州市 | 2023 年 9 月 12 日 | 取消二环内住房限购政策，至此郑州全面取消限购 |
| 珠海市 | 2023 年 9 月 12 日 | 珠海市住建局表示调整限购区域，调整后，限购区仅保留横琴粤澳深度合作区这一个区域 |
| 合肥市 | 2023 年 9 月 15 日 | 本市市区购买住房（含二手住房）的普通购房人，不再审核购房资格 |
| 厦门市 | 2023 年 9 月 18 日 | 厦门取消集美区、海沧区、同安区和翔安区商品住房限购 |
| 西安市 | 2023 年 9 月 19 日 | 西安市住建局召开的促进房地产市场平稳健康发展工作会议提出，市二环以外区域取消限购 |
| 无锡市 | 2023 年 9 月 19 日 | 无锡市全市域取消限购 |
| 武汉市 | 2023 年 9 月 19 日 | 取消市二环线以内住房限购政策，至此，武汉全域解除限购 |
| 广州市 | 2023 年 9 月 20 日 | 广州市发布《关于优化我市房地产市场平稳健康发展政策的通知》，将番禺、黄埔与花都三区及白云区四个镇，正式移出限购区域 |
| 中山市 | 2023 年 9 月 21 日 | 中山市发布《关于进一步支持合理住房需求的通知》，在支持刚性、改善性住房需求方面提出，对符合国家生育政策生育二孩及以上家庭，购房资格审核时无须提供住房证明 |
| 长沙市 | 2023 年 9 月 22 日 | 发布《长沙市住房和城乡建设局关于优化房地产调控政策的通知》，居民家庭（含非长沙市户籍家庭）在长沙市购买首套商品住房，不再需要提供购房证明 |
| 成都市 | 2023 年 9 月 26 日 | 成都市出台《关于进一步优化政策措施促进房地产市场平稳健康发展的通知》，其中涉及调整限购区域，限购区域调整为 5+2 核心区域，即天府新区直管区、高新南区、青羊区、锦江区、武侯区、金牛区、成华区，其他区域不执行限购。限购区域内 144m$^2$ 以上住宅不限购 |
| 宁波市 | 2023 年 9 月 28 日 | 支持居民家庭的刚性和改善型购房需求，停止执行限购政策 |
| 绍兴市 | 2023 年 10 月 11 日 | 绍兴市支持居民家庭的刚性和改善性合理住房需求，全面放开原限售住房限制政策 |
| 中山市 | 2023 年 10 月 13 日 | 石岐街道暂停实行商品住房限购攻策。这意味着，中山全域均不再执行商品住房限购政策 |
| 杭州市 | 2023 年 10 月 16 日 | 杭州住房限购范围调整为上城区、拱墅区、西湖区、滨江区。杭州市户籍家庭在杭州市限购范围内限购 2 套住房；非杭州市户籍家庭在杭州市区范围内有缴纳城镇社保或个人所得税记录的，可在杭州市限购范围内限购 1 套住房。参与杭州市限购范围内住房司法拍卖的竞买人，取消“须符合本市住房限购政策”限制 |
| 上海市 | 2023 年 10 月 24 日 | 上海金山区出台人才安居政策。其中提到，符合一定条件的非沪籍人才，在上海缴纳社保或个税 3 年以上且在上海无住房的，可购买一套房，同时购房资格由居民家庭调整为个人 |

（2）中央金融工作会议释放积极信号

2023年10月30日至31日，中央金融工作会议在北京举行，释放出积极信号。会议强调了促进金融与房地产良性循环的重要性，提出了一系列措施：

1）健全房地产企业主体监管制度和资金监管，强化保交楼是重点，长期来看，将有效转变房企经营模式。

2）完善房地产金融宏观审慎管理，可能意味着“三条红线”和“贷款集中度”管理有望适度、阶段性放宽。

3）短期内需要加大银行等金融机构对房地产行业的支持力度，缓解重点房企的信用风险，改善市场预期。

4）长期来看，未来金融对房地产行业的支持要消除所有制差异，做到一视同仁，这与促进民营经济发展壮大的意见一脉相承。

5）加快保障性住房建设，推进保障性住房发展新模式。

因城施策用好政策工具箱，更好地支持刚性和改善性住房需求，预计后续一、二线城市在限购层面会有放松性政策出台，将改善房地产行业的困境，促进房地产市场的健康发展。

（3）企业偿债新政策改善市场环境

2023年9月20日，国务院常务会议审议通过了《清理拖欠企业账款专项行动方案》。该方案要求省级政府对本地区的清欠工作负总责，央企国企在偿还账款上要带头，加强政策支持、统筹调度和监督考核，力争做到应清尽清，并着力构建长效机制。解决企业账款拖欠问题对企业的生产经营和投资预期至关重要，对经济的持续回升也有积极影响。

特别是在新冠病毒感染疫情的冲击下，企业尤其是中小微企业在资金流动性方面遇到了更大的困难。因此，加快支付款项的立法，从账款的支付时限、支付责任、处罚措施等方面做出明确规定，解决拖欠账款中的“三角债”问题，防止出现“边清边欠”“清完又欠”等现象，才能建立清理和预防拖欠账款的长效机制。

此外，企业偿债新政策改善市场环境，促进经济发展。政策要求省级政府负总责，央企国企带头偿还账款，并解开企业之间相互拖欠的“连环套”。为了建立长效机制，相关部门需要加快立法，解决“三角债”问题，并营造优质的服务环境。具体来说，相关部门可以从建立企业信用信息共享平台、完善法制建设、建立经济纠纷解决机制、加强政府部门监管协调等方面入手，真正解决企业账款支付难题，持续激发经济社会发展的内生动力。

## 6.3 行业技术环境展望

2023 年，新材料和前沿材料领域接连收到政策的积极信号。8 月 22 日，工业和信息化部与其他三个部门共同宣布了《新产业标准化领航工程实施方案（2023—2035 年）》。该方案专注于新兴和未来产业的标准化工作，明确了新能源、新材料等八个新兴产业的重点标准制定方向，并具体到专栏中细化了标准研制的重点。

8 月 25 日，工业和信息化部等八个部门共同发布了《建材行业稳增长工作方案》。该方案以高端化、智能化、绿色化为发展目标，推出一系列举措来促进传统建材行业的低碳转型以及新兴产业的发展，其中特别强调了增强新材料供应能力，并加速上下游产业链的协同工作以快速推进新材料和前沿材料的产业化进程。

8 月 28 日，工业和信息化部与国务院国有资产监督管理委员会联合发布了《前沿材料产业化重点发展指导目录（第一批）》，涵盖超材料、超导材料、石墨烯、高性能气凝胶隔热材料等 15 种材料。这份目录详细说明了这些材料的性能特性和潜在的应用领域，为材料产业的发展指明了方向并展示了广阔的市场前景。

在市场需求和政策支持的共同作用下，我国的建材行业特别是新材料和前沿材料领域正在经历一场科技革命和产业变革的加速发展。自 2020 年以来，建材行业的创新投入维持了年均超过 10%的增长率，2023 年上半年的创新投资超过 609 亿元，同比增长 13%。建材企业对科技创新的重视程度不断提升，自 2020 年起，企业在基础研究上的投入已经超过 10 亿元，参与科技部重点支持的基础研究项目超过 900 项，仅 2023 年上半年就有超过 200 个项目获得了支持。预计到 2024 年，建材行业的有效专利数量将突破 6 万件，再次刷新纪录。

### 6.3.1 建材行业的绿色转型与市场变革

中国建筑材料行业在近年来经历了显著的变革。随着政府和行业对绿色、智能和高效生产的要求越来越高，建材行业正在迅速转型和升级，以满足这些新的市场需求。

市场需求和供应也在发生变化。尽管水泥市场的需求在2022年有所下降，但由于多路资金的驰援和新老基建的双重发力，基建用水泥的需求仍然呈现稳步增长的态势。2022年全国水泥出库量周平均为695万t，同比下降11%。而基建用水泥的周平均出库量为191万t，占总出库量的30%，与2021年相比提高了20%。从长远看，由于季节性影响因素的增加，预计到第四季度，需求会出现回升。此外，由于行业的自律和错峰生产的实施，混凝土和砂石的供应量也有所减少，这为市场价格的先抑后扬提供了条件。

### 6.3.2 技术创新与政策驱动建材行业转型升级

技术创新和研发正在驱动建材行业的转型。中国建筑材料联合会已经确定了25个方向和55个重大科技攻关项目。预计在未来3到5年内，这些建材行业的科技研发项目将产生一批颠覆性、迭代性和紧迫性的技术，从根本上推动建材行业的发展和转型。

政策的驱动对建材行业的影响尤为明显。2023年4月11日，为了推动建材行业的高端化、智能化和绿色化转型，工业和信息化部发布了《建材工业鼓励推广应用的技术和产品目录（2023年本）》。8月23日，为了打造新的产业竞争优势和加快绿色低碳先进技术的示范应用，发展改革委等10部门制定了《绿色低碳先进技术示范工程实施方案》。该方案按照“源头减碳类”“过程降碳类”和“末端固碳类”三个类别进行了详细的划分和描述。源头减碳类重点推进非化石能源和化石能源的高效利用；过程降碳类强调工业、建筑和交通等领域的节能降碳措施；而末端固碳类则着眼于二氧化碳的捕集、利用和固定技术。另外，9月15日，为深入贯彻习近平总书记关于科技创新的重要论述，中国建筑材料联合会发布了关于无机非金属“超级材料”、关键新材料、“六零”工厂建设等方向的第三批全国建材行业重大科技攻关“揭榜挂帅”项目榜单。

#### 6.3.2.1 源头减碳类

非化石能源先进示范项目、化石能源清洁高效开发利用示范项目、先进电网和储能示范项目、绿氢减碳示范项目等都是清洁能源领域的重要示范项目。这些项目涵盖太阳能、风能、核能、地热能、储能、电网等多个方面，旨在推动清洁能源的发展和应用，减少碳排放，提高能源利用效率，促进经济可持续发展。

6.3.2.2 过程降碳类

工业领域示范项目包括低碳零碳钢铁、有色金属冶炼、石油化工、煤化工、生物化工、可再生能源与石化化工生产系统耦合等。

建筑领域示范项目包括超低能耗建筑、近零能耗建筑先进示范，既有建筑节能改造、公共基础设施近零碳排放改造、供热计量改造示范、高效热泵研发制造与示范应用、低碳零碳新型建材研发生产与示范应用等。

交通领域示范项目包括综合交通枢纽场站绿色化改造、公路养护工程绿色化示范、机场港口码头港区建设示范、高速公路服务区超快充充电基础设施建设示范、智能交通系统建设等。

减污降碳协同示范项目包括“废钢资源回收 + 短流程炼钢”、固废再生替代原材料研发生产与示范应用等。

低碳（近零碳）产业园区示范项目即通过多种方式实现产业园区深度减排，建设绿色低碳产业园区。

6.3.2.3 末端固碳类

全流程规模化 CCUS 示范项目即以石化、煤化工、煤电、钢铁、有色、建材、石油开采等行业为重点，选择产业集聚度高、地质条件较好的地方，建设若干全流程规模化 CCUS 示范项目。其中，对于石化、煤化工、石油开采行业，项目年捕集利用与封存量不低于 50 万 t，原则上应配套建设二氧化碳输送管道；对于煤电、钢铁、有色、建材行业，项目年捕集利用与封存量不低于 10 万 t。

二氧化碳先进高效捕集示范项目即采用新工艺、新设备、新型溶剂或材料，实现低浓度二氧化碳高效低成本捕集的先进技术示范项目。

二氧化碳资源化利用及固碳示范项目包括二氧化碳制备合成气、甲醇等液体燃料、聚合物材料等化学利用，二氧化碳人工生物转化，二氧化碳矿化固定等示范项目。

为了更好地推动建材行业的发展，建材行业启动了一系列技术创新和产业升级项目。“十四五”规划明确了行业目标，即淘汰落后产能、补齐技术装备短板、强化氢能利用、促进研发经费增长，推动“十四五”期间建材行业的平均研发经费投入增长率保持在 10% 以上。行业的重点研发领域包括无机非金属新材料、矿物功能材料、水泥与混凝土、玻璃、陶瓷、墙体材料、耐火材料、砂石骨料和石材等。

### 6.3.3　陶瓷与陶瓷砖胶行业面临新技术的机遇与挑战

陶瓷行业技术创新将对陶瓷砖胶行业产生深远的影响。随着新工艺如干法制粉、连续球磨和高压成型的发展，陶瓷砖的制造过程和性质可能发生改变，这要求陶瓷砖胶与这些新制程下的陶瓷砖有更好的匹配性，以保证黏合效果。同时，机器人应用技术、智能识别检测设备及智能化应用系统的广泛应用将促使陶瓷生产实现更高的自动化和精度，这也要求陶瓷砖胶具备快速固化和高效涂布等特性，以适应自动化生产线。

环保方面，随着窑炉烟气脱硫、废瓷废泥综合利用技术和余热利用等技术的推广，陶瓷行业正朝向更加环境友好的方向发展，因此陶瓷砖胶也应考虑低 VOC（挥发性有机物）排放、可循环利用等环保属性。

新型陶瓷产品，如超大规格陶瓷板材和 3D 打印成形技术制成的产品，也为陶瓷砖胶带来了新的挑战，需要陶瓷砖胶对这些新型产品有出色的适应性。

卫生陶瓷的微波干燥和自动化生产技术也可能被应用于陶瓷砖生产中，进一步要求陶瓷砖胶与之相匹配。随着陶瓷行业不断采用高新技术和先进材料，陶瓷砖胶行业也需不断进行技术升级，以确保与新型陶瓷材料的完美结合。

近年来，我国建材行业持续高速发展，智能化和新材料技术创新正在引领行业变革。随着信息技术与建材深度融合，各类智能建材层出不穷，比如可进行结构健康监测的自感知材料、可响应环境变化的多功能材料等，大大提高了建筑性能与智能化水平。此外，新型轻质高强材料、环保节能材料也得到规模化应用，显著降低建筑物的资源和能源消耗。其中，绿色环保陶瓷砖胶作为建材行业的重要组成部分，也在积极采用智能化生产设备与质量检测系统，使产品质量和产量得到显著提升。同时，环保型陶瓷砖胶配方和工艺也在不断创新优化，更好满足可持续发展的需求。展望未来，随着信息化和自动化水平的不断提高，绿色智能环保型陶瓷砖胶必将得到快速发展，在建材市场占有率不断扩大，相关企业也将受益匪浅、发展前景广阔。

为了保障建材行业的可持续发展，国家在无机非金属新材料领域加大了支持力度。在新材料领域，国家重点支持石英玻璃、特种陶瓷、碳化硅纤维增强陶瓷基复合材料等的研发和产业化。这些前沿新材料的应用将大大提升光电子、航空航天等高端装备的性能。新型玻璃纤维、碳纤维等也被作为战略性新材料来发展，用于风电叶片、高压氢气瓶等绿色能源装备的轻量化。这充分体现了新材料对传统产业升级的重要支撑作用。在技术创新方面，国家加大新材料的标准研制力度，以标准引领新材料健康发展。同时，大力开展新材料的应用推广，以应用带动产品不断优化升级。国家还支持在全国建设新材料的产业计量中心和试制平台，为新技术产业化提供有力保障。

新材料的快速发展，将大幅提升建材行业的核心竞争力。新材料为建材行业提供了扎实的技术基础，是实现产业转型升级的关键所在。充分利用新材料潜力，可以使建材产品向功能化、智能化、绿色化方向升级，更好满足经济建设和民生需要。当前，新材料正处于快速成长期，市场空间广阔。建材企业应抓住这一战略机遇，加大新材料研发和应用力度，使之成为企业的新动能，并且还需要不断强化产学研用协同创新，以及标准、知识产权建设，使新材料之路走得更稳更远。

## 6.4 行业市场环境展望

随着我国居民收入水平的不断提高，居民消费能力持续增强，带动了陶瓷砖胶粘剂行业的平稳增长。2023 年上半年，全国居民人均可支配收入 19672 元，同比名义增长 6.5%；人均消费支出 12739 元，同比名义增长 8.4%。

建筑材料市场呈现出多样化的市场趋势，中国的建筑材料消费市场正在加速向高品质、定制化和智能化方向转型。未来中国的建材企业必须紧跟这些新趋势，在产品创新、设计定制、客户体验等方面下足功夫，以持续满足消费群体的多层次需求，实现企业的可持续发展。

另外，从 2022 年开始，我国正式启动绿色建材下乡活动，以促进建材行业绿色化转型，拓展农村市场，推动乡村振兴。该活动对陶瓷砖胶行业产生了重要影响，为陶瓷砖胶企业提供了发展机遇。绿色建材下乡将推动建材企业技术进步和产业升级，扩大绿色建材市场，释放农村消费潜力，满足农村居民对绿色产品的需求，带动农村建材流通业发展。

绿色建材下乡为陶瓷砖胶行业提供了重要发展机遇。陶瓷砖胶企业可以拓展中西部农村市场需求，推广绿色环保型胶产品，提升产品附加值。

### 6.4.1 居民收入增长助推建材消费

根据国家统计局数据，我国城镇就业人员人均工资由 2013 年的 51483 元提升至 2022 年的 114029 元（图 6.1），增长 121.5%；居民人均可支配收入由 2013 年的 18133 元提升至 2022 年的 36883 元，增长 103.4%；居民人均消费水平从 2015 年的 15712 元提升至 2022 年的 24538 元，增长 56.2%；其中城镇人口人均消费水平由 2015 年的 21392 元提升至 2022 年的 30391 元，增长 42.1%，农村人口人均消费水平由 2015 年的 9223 元提升至 2022 年的 16632 元，增长 80.3%。居民可支配收入及购买力的持续提高，将带动陶瓷砖胶粘剂行业继续平稳增长。

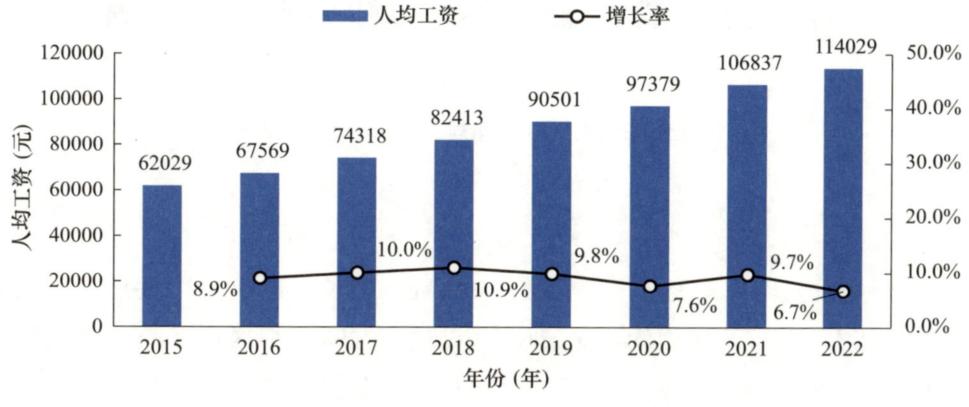


图 6.1　2013—2022 年城镇就业人员人均工资水平

（资料来源：国家统计局）

2023 年上半年，全国居民人均可支配收入 19672 元（图 6.2），比上年同期名义增长 6.5%，扣除价格因素，实际增长 5.8%。分城乡看，城镇居民人均可支配收入 26357 元，增长（以下如无特别说明，均为同比名义增长）5.4%，扣除价格因素，实际增长 4.7%；农村居民人均可支配收入 10551 元，增长 7.8%，扣除价格因素，实际增长 7.2%。

按收入来源分，上半年，全国居民人均工资性收入 11300 元，增长 6.8%，占可支配收入的比重为 57.4%；人均经营净收入 3041 元，增长 7.0%，占可支配收入的比重为 15.5%；人均财产净收入 1743 元，增长 4.7%，占可支配收入的比重为 8.9%；人均转移净收入 3588 元，增长 6.1%，占可支配收入的比重为 18.2%。

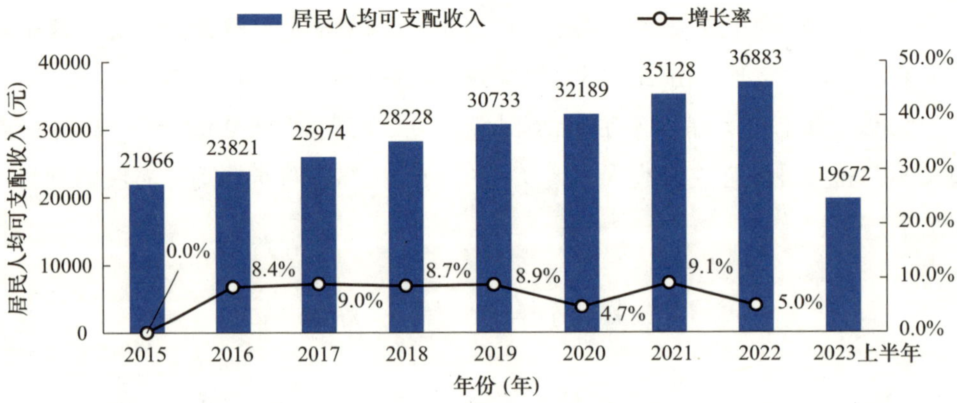


图 6.2　2014—2023 年居民人均可支配收入

（资料来源：国家统计局）

全国居民人均可支配收入中位数 16393 元，增长 5.4%，中位数是平均数的 83.3%。其中，城镇居民人均可支配收入中位数 23298 元，增长 4.4%，中位数是平均数的 88.4%；农村居民人均可支配收入中位数 8920 元，增长 6.1%，中位数是平均数的 84.5%。

全国居民人均消费支出 12739 元，比上年同期名义增长 8.4%，扣除价格因素影响，实际增长 7.6%。分城乡看，城镇居民人均消费支出 15810 元，增长 7.7%，扣除价格因素，实际增长 7.0%；农村居民人均消费支出 8550 元，增长 8.5%，扣除价格因素，实际增长 7.9%（图 6.3）。

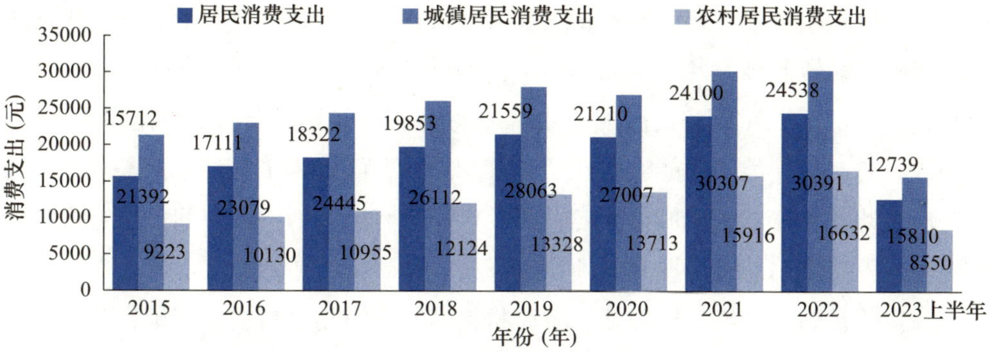


图 6.3　2015—2023 年居民消费水平

（资料来源：国家统计局）

### 6.4.2　中国建材行业转型升级，智能环保成消费主流

中国作为全球最大的建筑市场，具备规模巨大、结构多元和需求旺盛等特点，并对建材行业的走势有着至关重要的影响。中国建材行业是国民经济的重要基础行业，是保障人民群众居住生活条件的重要支柱。2022 年，中国建材行业主营业务收入达到 6.3 万亿元，同比增长 16.3%。其中，建筑材料及制品、非金属矿及制品、无机非金属新材料三大门类主营业务收入分别为 4.5 万亿元、1.2 万亿元、0.6 万亿元，同比分别增长 14.4%、23.2%、26.8%。

近年来，伴随着国内外多种因素的作用，中国的建材行业呈现出多样化的市场趋势。中国的建筑材料消费市场正在加速向高品质、定制化和智能化方向转型。随着居民收入水平的提高和对美好生活的追求，消费者对建材产品的质量、性能、舒适度和环保属性的要求明显提高。同时，市场对多样化和定制化建材的需求量也在快速增长。搭载各种高新技术的智能建材正在逐步成为消费主流。可以预见，未来中国的建材企业必须紧跟这些新趋势，在产品创新、设计定制、客户体验等方面下足功夫，以持续满足消费群体的多层次需求，实现企业的可持续发展。

### 6.4.3　丰富产品功能，下沉开发三、四线城市

陶瓷砖胶行业近年来呈现出快速发展的趋势。首先，安全性成为行业的核心

关注点，住房城乡建设部已发布相关政策，禁止在外墙饰面砖的铺贴中使用现场水泥拌砂浆，转而推荐使用水泥基粘接材料。其次，中大尺寸陶瓷砖，特别是大板和岩板的流行，对陶瓷砖胶的使用率和使用量产生了积极的推动作用。同时，陶瓷砖胶的产品种类和功能性得到了丰富和加强，能够满足各种小众陶瓷砖的铺贴需求。此外，三、四线城市的陶瓷砖胶市场仍有巨大的增长空间，随着这些地区陶瓷砖胶使用率的逐步提升，预计将释放大量的市场增量需求。

陶瓷砖粘贴产品产业链包括上游原材料商、中游粘贴材料生产销售商以及下游建筑装修装饰公司及地产公司。然而，到 2023 年，由于技术创新、消费升级、环保法规加强以及行业数字化转型，产业链内的变革已十分显著，行业不断向高品质、绿色、高效和数字化方向发展。

上游原材料市场：砂石集料市场稳定，中小型矿山企业减少，大型企业注重绿色生产和生态环保，水泥行业面临压力，寻求新技术和环保生产方式，提升碳排放和资源利用效率。乳胶粉行业实施严格的质量标准，研发高效、环保替代材料应对成本压力。纤维素醚需求上升，行业加速寻找替代材料，注重生产过程绿色化。

中游市场：陶瓷砖胶粘剂生产企业深入进行数字化和自动化转型，注重产品高品质和环保性。销售商采用电商和直播销售等新数字化销售渠道，提供便捷购物体验。

下游需求市场：政策调控促使房地产市场转向多元化模式，对陶瓷砖粘贴材料的需求逐渐多样化。建筑装修装饰公司重视消费者体验，利用 AR、VR 技术提供 3D 效果预览，并发展线上平台，推进家装行业“线上到线下”模式。“绿色装修”概念的推广，增加了对环保、健康陶瓷砖胶粘剂产品的需求。

2022 年，我国正式启动了绿色建材下乡活动，这一举措将促进建材行业实现绿色化转型，拓展农村市场，推动乡村振兴。党的二十大报告提出要加快发展方式绿色转型，建设现代化经济体系。绿色低碳发展被作为优先方向。《质量强国建设纲要》《原材料工业“三品”实施方案》和《建材行业碳达峰实施方案》都明确提出，要大力发展和推广绿色低碳建材。

绿色建材下乡活动是推动建材行业绿色转型、拓展农村市场、实现乡村振兴的重要举措。借助促进技术进步、产业升级和管理模式变革，扩大市场空间，释放农村消费潜力。为了深入推进活动，需要加强标准制定和执行，完善政策支持。这些措施将有助于活动取得更好效果，推动建材行业持续健康发展。

随着绿色建材下乡活动的深入推进，2023 年绿色建材产业实现了快速增长。2023 年前 7 个月，绿色建材的营业收入超过 1200 亿元，同比增长超过 20%。获得绿色认证的企业数量增加到 4400 家，发放的绿色建材认证证书为 7698 张，比 2022 年分别增长了 1.6 倍和 1.2 倍。超过 600 家企业对其产品的质量和服务做出了承诺，1400 多种产品也通过不同方式参与了活动。

绿色建材下乡为陶瓷砖胶企业提供了重要发展机遇。陶瓷砖胶企业应顺应行业变革趋势，加大技术创新与绿色产品研发力度，以绿色建材带动企业转型升级。预计 2024 年，随着乡村振兴战略的深入实施，中西部地区特别是农村地区的建设需求将持续释放，绿色建材在农村市场的渗透率将大幅提高，绿色环保型陶瓷砖胶产品市场需求将快速增长，陶瓷砖胶企业将加快绿色产品的技术研发和产业化步伐，并扩大在中西部农村市场的布局，以抢抓战略机遇，实现企业快速增长。

### 6.4.4 稳就业助力弥补行业人才

近年来，我国政府致力于保持就业市场稳定，采取一系列政策措施增加就业机会，缓解“求职难”“招工难”的就业结构性矛盾。人力资源社会保障部等部门推出系列稳就业政策，不断提质增效，通过发放一次性扩岗补助、拓宽就业渠道、支持重点群体创业就业、加强就业政策落实等措施，促进就业市场稳定发展。

根据国家统计局的数据，2023 年上半年，全国发放就业补助资金 528 亿元，阶段性降低失业、工伤保险费率，为企业减少成本超过 860 亿元，失业保险基金稳岗支出 176 亿元。上述稳就业政策释放红利超 1500 亿元。中国全国城镇新增就业 678 万人，同比增加 24 万人，完成全年计划任务的 57%。全国城镇调查失业率平均值为 5.3%，比一季度下降 0.2 个百分点。9 月，全国城镇调查失业率为 5.0%，比 8 月下降 0.2 个百分点，连续两个月下降，我国就业形势保持总体稳定。

随着中国政府采取一系列措施来刺激内需和鼓励创业创新，就业市场逐渐好转。不仅城镇就业率稳步增长，农村劳动力也有更多机会进入城市就业市场。政府的就业政策取得了一定的成效，为广大劳动者提供了更多的就业机会和更好的工作条件。

政策措施的成功实施不仅促进了就业率的好转，还为各个行业提供了更多的发展机会。其中，建材行业作为国家基础产业之一，一直在不断发展壮大。中国的城市化进程不断推进，建筑业迅猛发展，为建材行业提供了广阔的市场需求。随着科技的不断进步，建材行业也需要不断引入高新技术来提高生产效率、产品质量和环保水平。然而，目前建材行业在高新技术人才方面存在一定的短缺问题，这成为行业发展的制约因素。

在稳就业政策的支持下，中国建材行业逐渐迎来了发展的机遇。政府通过各种激励政策和培训计划，鼓励年轻人选择高新技术领域作为职业发展方向。这些政策不仅吸引了更多的学生和专业人才投身于高新技术领域，而且提高了他们在建材行业的就业吸引力。此外，政府还强调了职业教育产教融合，培养满足产业需求的技术人才，鼓励企业参与各教育环节，实行校企合作，以提高人才培养质量，促进高质量就业。这些政策措施有望帮助建材行业弥补高新技术人才的缺口，推动行业向智能化、绿色化、高效化的方向发展。

实现高新技术人才的有效补充需要政府、企业和高校等各方的共同努力。政府可以通过制定政策、提供资金支持等方式吸引人才；企业可以与高校和科研机构合作，提供培训和发展机会，留住人才；高校和科研机构可以加强人才培养，提高人才素质。此外，政府、企业和高校等各方还可以加强合作，共同制定更多的政策举措，以促进高新技术人才的引进和发展。当前中国就业市场的情况和建材行业的人才需求表明，国家鼓励建材行业培养相关技能型人才与目前的就业市场形成了一种互补关系。这一策略不仅有助于解决年轻人群体的就业问题，还为建材行业注入了新的活力和创新潜力。

政策导向和市场需求的结合，为中国的建材行业和整体就业市场创造了一个双赢的局面。通过提供技能培训和教育，年轻的劳动力可以获得更多就业机会，并在建材行业中发挥关键作用。同时，帮助建材行业解决了技能型人才短缺的问题，从而推动行业向智能化、绿色化、高效化的方向发展。

Leader

## 中国家装建材领跑者

鼎刮呱建材生产园区鸟瞰图

**鼎刮呱，“全屋生态粉料系统”供应商，专注装修用料每一道**细节，二十年来我们致力于室内“墙面层层耐碱防霉粉料系统”；“地面大砖快装超平粉料系统”；“厨卫强度渐变防空鼓粉料系统”；“屋顶凸点防开裂粉料系统”；“大堂岩板/大板柔性渐变粉料系统”等五大室内粉料系统的开发和应用。

我们秉承着“让使用更简单，让居者更安心”的企业使命！帮助数万家庭解决装修后期出现的霉变、开裂、脱落、污染等烦恼！

装修心仪家 智选鼎刮呱。

技术 Technology

产品研发大楼

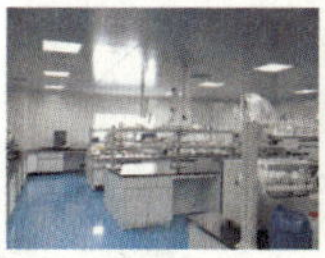
研发办公室1

研发办公室2

研发办公室3

鼎刮呱岩板专用胶

**(C2ES1)**

鼎刮呱大板胶

**(C2)**

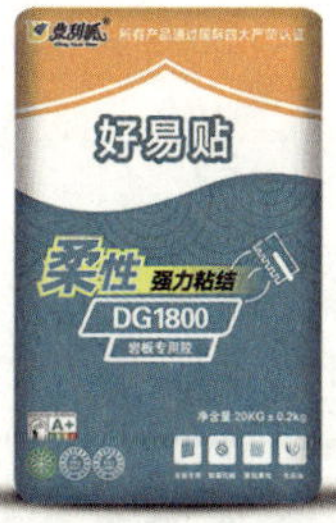

让标准成为习惯

让习惯符合标准

标准规程编制

职业技术培训

行业发展推动

中国陶瓷工业协会瓷砖粘贴技术专业委员会

Technical Committee For Tiling